实物教学与早期学习

[美] 莎伦·E. 谢弗（Sharon E. Shaffer）/著

于 雯　刘 鑫/译

OBJECT
LESSONS
AND
EARLY
LEARNING

北京师范大学出版集团
BEIJING NORMAL UNIVERSITY PUBLISHING GROUP
北京师范大学出版社

图书在版编目（CIP）数据

实物教学与早期学习 / （美）莎伦·E. 谢弗（Sharon E. Shaffer）著；于雯，刘鑫译.
—北京：北京师范大学出版社，2023.6
（儿童博物馆教育小丛书）
ISBN 978-7-303-29096-3

Ⅰ. ①实… Ⅱ. ①莎… ②于… ③刘… Ⅲ. ①早期教育—教学研究 Ⅳ. ①G61

中国国家版本馆CIP数据核字（2023）第089816号

图 书 意 见 反 馈	gaozhifk@bnupg.com 010-58805079
营 销 中 心 电 话	010-58802755 58801876

出版发行：北京师范大学出版社　www.bnup.com
　　　　　北京市西城区新街口外大街12-3号
　　　　　邮政编码：100088

印　　　刷：	天津市宝文印务有限公司
经　　　销：	全国新华书店
开　　　本：	787 mm×1092 mm　1/16
印　　　张：	13
字　　　数：	300千字
版　　　次：	2023年6月第1版
印　　　次：	2023年6月第1次印刷
定　　　价：	58.00元

策划编辑：于晓晴　肖　寒	责任编辑：肖　寒
美术编辑：焦　丽	装帧设计：锋尚设计
责任校对：丁念慈	责任印制：陈　涛
封面摄影：王铮铮	

推荐序

在我与莎伦·E.谢弗相识的八年间，我们合作了很多项目，包括线上、线下的工作坊、研讨会、讲座等。从美国到北京、上海、广州、福州、呼和浩特，每次一起共事时，我都能感受到莎伦对于儿童博物馆教育的热爱。作为这个领域的先驱，她依靠专业和热情让博物馆为孩子敞开了大门，也帮助很多博物馆成为能够吸引孩子深度学习的场所。

在中国，儿童博物馆是非常稀有的资源。虽然过去十几年，博物馆的建设在我国经历了飞速发展，但是博物馆对于儿童教育的重视只是近些年才开始。我们很庆幸莎伦能够把自己过去三十几年积累的理论知识和实践经验整理成书，让我们在这个领域进行学习和探索的时候不需要从零开始。五年前翻译出版的《让孩子爱上博物馆》以及现在这本《实物教学与早期学习》都让我们能够站在一个更高的起点上发展中国的儿童博物馆教育。

在莎伦眼中，博物馆就像是一个可以吸引儿童进行深度学习的宝藏。无论是文化历史类博物馆还是艺术类博物馆，都可以通过藏品吸引孩子的注意力，启发孩子的好奇心，丰富孩子的体验，与孩子的已有认知建立连接，帮助他们理解和认识这个世界。这本书中所介绍的案例应该可以启发你利用博物馆的资源去设计激发孩子深度学习的展览和活动。

我之所以用到"启发"二字，是因为任何理论和经验都有时空的局限性。莎伦三十几年所积累的理论和经验主要来自西方国家，当我们把这些理论和经验翻译成中文、传播到中国的时候，并不想看到中国的博物馆教育实践者们生搬硬套地应用。我们更愿意看到这些来自西方的理论和经验在中国的社会文化环境中碰撞出新的火花。因此，当你翻开这本书时，我想邀请你带着一些问题去阅读：这本书中所提到的学习和中国社会文化中所认知的学习有什么区别吗？中国的家长或者学校对儿童在博物馆的学习有什么期待吗？作为社会教育的组成部分，博物馆教育如何与家庭教育和学校教育相互融合和支撑？当你为儿童设计博物馆教育活动时，你想达到的教育目标是什么？为什么这些教育目标很重要？这些问题只是一些引子，希望能够引发你更多的思考。当你带着问题去阅读和实践时，你也正在践行本书中所倡导的深度学习。

正如莎伦在本书前言中所说，她对儿童和博物馆教育的热爱都反映在这本书的字里行间。在此，我也非常感谢北京师范大学教育学部中国儿童博物馆教育研究中心的于雯和刘鑫。作为本书的译者，他们与莎伦一样对儿童博物馆教育充满热爱。我希望这本用心书写和翻译的专业书籍能够激发读者在这个领域的持续学习和探索，相信正在阅读它的你对儿童博物馆教育的了解、关切和热爱会惠及更多的中国儿童。

最后，要特别感谢内蒙古老牛慈善基金会长期以来对儿童博物馆教育的关注和推动；同时，还要感谢为本书封面拍摄照片的摄影师和照片中孩子及其家长的积极配合与友情支持。

张旎

北京师范大学教育学部

中国儿童博物馆教育研究中心创始主任

2023年2月

前　言

满腹心声，付诸纸上。

——威廉·华兹华斯

　　我对儿童的热爱、对博物馆所蕴含的不可思议的学习机会的热爱，都反映在这本书的字里行间。为爱工作，甘之如饴。正如华兹华斯所说，这本书里写的都是我的心声。

　　我很幸运，能追求自己的梦想，并在此过程中发现了一条独特的教育之路，我从没想过这条路竟如此妙趣横生。1988年，我加入了史密森学会，负责创办一所史密森实验学校——史密森早教中心。自此，我发现了一个全新的世界——博物馆里的各种展品和自然标本为儿童探索艺术、历史、科学和文化提供了非常丰富的学习机会。不仅博物馆环境和展览蕴含丰富的宝藏，史密森学会的专家们更是为儿童在博物馆里的体验增添了全新的维度，让孩子有机会来到"幕后"，从"内行人"的角度去体验展品。后来的时间证明，这些体验显然成为很多孩子人生的关键时刻，为他们未来的发展奠定了基础。

　　在二十世纪八九十年代，年龄较小的儿童很少出现在传统博物馆里，也不会被博物馆从业人员视作主流观众。然而正是从那时起，神经科学家和研究人员所取得的突破性进展引起了人们对儿童早期认知发展的关注，同时也激发了人们探索博物馆早期学习更多可能性的兴趣。这在很多方面促使社会对儿童早期学习的看法发生了改变，同时也成为人们开启全新讨论的关键时刻，为后来博物馆的转变奠定了基础。

　　在二十一世纪，学龄前儿童受到了前所未有的重视，他们赢得了人们的尊重，被人们看作有能力的学习者。随着越来越多的儿童观众走进博物馆，博物馆从业人员也开始为他们提供支持，积极尝试新的想法和手段，以期更好地促进他们学习。但这一新思潮的兴起并未止步于服务儿童观众，还进一步促使人们想要真正理解儿童的学习方式，也就是通过学习教育理论知识来打造适合儿童的有效实践。有了这些理论知识，博物馆从业人员就不再单凭直觉去实践，他们能打开思路，结合儿童观众的发展特点来精心设计适宜的活动。对博物馆从业人员来说，学习理论知识被看作设计和实施儿童体验的基石，而不再是可有可无的事情了。

这本书是在《让孩子爱上博物馆》[1]（*Engaging Young Children in Museums*）基础上发展出来的，只是专注于"通过实物来学习"的概念。基于实物的学习或曰"实物教学法"并不是什么新概念，已经存在了几百年。经过多年来的持续发展，这套教育理念对博物馆及其围绕实物展品发挥教育功能至关重要。

本书为教育工作者和博物馆从业人员思考现今如何利用实物开展教学提供了框架，并且在给出课程示例时，不仅阐述了如何利用博物馆中的人工制品或艺术品促进儿童学习，还延伸到了如何利用日常生活中触手可及的物品帮助孩子学习。这些示例涉及艺术、历史和文化领域，涵盖了儿童服务经验欠缺的教育人员可能遇到的大部分问题。这些示例提供了广泛的经验，其中的方法不仅适用于科技馆和自然中心，也适用于儿童博物馆和其他收藏性机构。尽管文中的示例都介绍得很详细，但描述细节的目的不是让教育人员照本宣科，而是希望提供一些可能性。这些示例以理解儿童独特的学习方式为基础，包含了通过实物探索和学习的各种方式和方法。教育人员最好把这些学习体验看作自然发展的过程，在这个过程中，儿童的兴趣和解读受到了足够的重视，并最终塑造了整个博物馆体验。这些课程案例示范了孩子探索过程的一些可能性，但教育人员在实施时一定要知道，实际的体验会随着孩子的想法而发展变化，很可能和案例中的情况不同。灵活应变是关键，随着孩子的反应而自然发展的学习过程才是最有效的。尊重孩子、认真倾听他们的想法是博物馆、学校策划儿童早期学习活动的基础。

现在正是早期学习蓬勃发展的时候，世界各地越来越多的博物馆向儿童敞

---

1 译者注：《让孩子爱上博物馆》的英文原著与本书为同一作者所作，且已于2018年经由相同译者翻译在国内出版。

开了大门，连婴幼儿也受到了热情欢迎。儿童学习离不开与周围世界的互动，他们正是通过多种感官探索的过程来理解和构建知识的。

到了今天，当我们思考学习的问题时，实物教学依然不过时。在这个虚拟现实等技术飞速发展、注重沉浸式体验的时代，思考实物对儿童学习的作用就变得尤为重要。实物对儿童的学习还是那么重要吗？在这个高科技时代，这对儿童在博物馆中的学习意味着什么？借由博物馆从业人员以及其他场所的教育人员的声音，本书开启了对科技发展与儿童学习的讨论，至少粗浅地谈到了这是一个未来值得更多关注的话题。

我希望能够激励教育工作者和博物馆从业人员去探索利用实物吸引儿童深度学习的可能性，启发他们从全新的视角去看自己的藏品，时刻考虑儿童的需求和特点。本书中提到了一些非常好的案例和项目，希望能为对儿童早期学习感兴趣的人提供借鉴和启发。

作为专业人员，我们要与博物馆界的同人积极交流、相互学习，为儿童观众发声。我们不仅可以分享经验，还可以通过收集和分享数据进行分析，向一线从业人员学习。在专业研究的支持下，我们能够加深对儿童和相关教育理论的理解，打造更适合儿童学习的博物馆环境。通过携手努力，我们一定能为儿童学习提供更好的起点，为他们与博物馆建立一生的联结奠基。

致　谢

　　一本书的写作不是一个人的旅程，而是许多人共同努力的结果。有的人积极参与写作过程，而有的人则是在不知不觉中为这本书的内容或文字提供了灵感。贡献难分轩轾，感恩无有轻重。

　　许多博物馆教育人员以儿童早期教育为己任，将儿童视作重要的博物馆观众。对此，我心生敬佩，他们倾注心血的工作是给儿童和家庭最好的礼物。

　　作为一名咨询顾问，在工作中，我遇到很多来自美国及世界其他地区的儿童早期教育领域的伙伴，他们都对儿童的发展产生了重要影响。有机会结识他们，跟他们一起学习，我深感荣幸。这里特别要提到的是张旎博士，她供职于位于北京的中国儿童博物馆教育研究中心。为了把儿童博物馆带到中国，让儿童博物馆能惠及更多中国儿童，张旎博士作出了卓越贡献。与她交流关于儿童早期学习的想法，分享彼此对这一领域的热情，让我重新认识了这份工作的价值。我有一些才华横溢的同行，他们在世界各地积极地为当地儿童提供通过博物馆体验世界的机会，对他们的用心付出，我深表感谢。

　　在这本书的撰写过程中，一些值得信赖的可靠的同行伙伴提供了非常重要的真实反馈，他们每个人都花费时间和精力阅读了本书的部分章节。他们的宝贵见解和建议为书稿的最终成文作出了重要贡献，这些人包括妮可·克罗玛蒂、埃利·伍德、玛乔丽·施瓦泽、辛西娅·拉索、艾莉森·威廉姆斯、伊莎贝尔·亚历山德拉、艾莉森·威肯斯、安娜·欣德利、唐娜·托比以及朱莉娅·福布斯，感谢他们的辛勤付出。同样要感谢的还有那些撰写某些特定主题故事的同事以及在幕后为申请图片授权而默默努力的人。另外，特别感谢克里斯汀·巴克利和希瑟·范伯格对本书所作的贡献。

　　此外，还要感谢很多博物馆专业人士通过参与问卷调查和美国博物馆联盟开放论坛的讨论以及接受个人访谈的方式为本书贡献了他们的宝贵意见，这

1

些人包括劳拉·韦尔塔·米格斯、贝丝·菲茨杰拉德、苏珊·福茨、佩特鲁什卡·巴赞·拉森、洛蕾塔·矢岛、桑妮·奥罗克、艾丽·伍德、珍妮·斯威尼、蒂芙尼·艾伦、芭芭拉·梅耶森、丽贝卡·赫兹、芭芭拉·弗兰科、李·甘博、克里斯蒂娜·布洛、克里斯蒂·卢卡斯–海登、泰德·林德、戴尔·希尔顿、贝茜·鲍尔斯和张旎。他们的真知灼见为二十一世纪早期学习相关的讨论提供了全新的视角。由于篇幅有限，这里无法一一列出所有要感谢的伙伴，他们的工作对我的思考产生了重要影响。感谢每一个为了更好地服务博物馆儿童观众而不断努力的人！

　　最后我要说的是，如果没有家人给予我的爱和支持，也就不会有这本书的面世。我的丈夫马克日复一日地支持和鼓励我，对此我将永远铭记于心。还有我的孩子和他们的伴侣，当然也包括我可爱的小孙子们，他们为我在博物馆早期学习领域的工作提供了无数灵感和启发。心怀感恩，把这本书献给我爱的每一个人。

目　录

第一部分

实物教学法相关的理论：
诠释和理解世界的关键

第一章　博物馆早期学习的发展简史和理论基础

　　　　童年时，我们每个人的内心都曾被点亮。当我们再度回想时会发现，
"正是那些被点亮的瞬间，成就了后来的我们"。

——丽塔·达夫

导言

　　对于很多人来说，博物馆是个神奇的地方。对儿童而言，如果一个地方既有他们熟悉又有他们陌生的东西，那这里就会让他们感到兴奋和好奇。这些东西会帮助孩子插上想象的翅膀，带他们飞往全新的世界。在博物馆参观的神奇经历可以改变孩子的一生。正如开篇引言中丽塔·达夫所说，正是童年里那些内心被点亮的瞬间成就了后来的我们。儿时的一次博物馆体验可能正是这样的时刻，它为儿童打开了通往未来的大门，使他们长大以后可以成为植物学家、考古学家、艺术家等。那一刻开启了他们美好而神奇的人生之旅。

　　从很多方面来讲，博物馆都是非常适合儿童学习的地方。儿童有着丰富的想象力，可以跳出现实世界，想象其他时空发生的事情。这种能力可以帮助他们把博物馆中的艺术品和其他展品与自己知道的事物联系起来。尽管与成人理解世界的方式截然不同，但儿童依旧可以基于已有认知来理解自己所看到的东西。儿童与生俱来的直觉和能力可以帮助他们理解周围的世界及其运行方式。

　　在21世纪，很多博物馆都非常欢迎儿童观众，儿童也能从博物馆的艺术品和其

他展品中得到启发，但在过去却并非如此。毫无疑问，博物馆正处于变革的时代（Schwarzer 2006），它们用实物讲故事的方式、与公众建立联系的途径以及服务的人群都在发生变化。

博物馆不再是森严壁垒的深宅大院，而是扎根社区，以多种方式影响着男女老幼的生活。博物馆的重点不再是展品本身，而是它们背后的故事。21世纪的孩子对博物馆的理解与过去的人们完全不同，他们不仅能在展厅和雕塑园中与艺术品和人工制品互动，还可以在博物馆以外的地方通过电子设备来体验展品。这种变化必然会改变我们对博物馆儿童观众的理解。

现如今，博物馆观众的总体数量开始下降（National Endowment for the Arts 2013）或者说正勉强维持在当前水平（Falk and Dierking 2013）。然而，博物馆从业人员从非正式研究中却发现，公众对于儿童活动和体验的需求正在显著增加，特别是面向婴幼儿和学龄前儿童的活动。而且这一现象不仅发生在美国，全球范围内也是如此。比起过去，当今的儿童更常走进传统博物馆，他们会跟随家人来到场馆，抑或是由幼儿园组织参观场馆。儿童可以通过丰富的教育项目、专门设计的多感官体验空间以及在展厅中和家庭节庆活动上的动手体验来感受博物馆的艺术品、自然标本和其他展品。

只有当博物馆的体验与孩子的生活相关联时，对孩子来说才是更有意义的。那么，就儿童观众而言，到底什么是"相关联"呢？如今，人们经常说到"相关性"，却很少认真思考这个词的真正含义。当谈到儿童在博物馆中的学习时，相关性指的是孩子的日常生活与馆藏之间的交集。也就是说，在儿童将自己的已有认知（经验）与某件藏品建立关联的时候，博物馆体验才变得有意义。这种关联越紧密，孩子在接触新体验时学到的东西就越多。儿童就是在建立起已知与未知之间的联系时，形成了对事物的新的理解。

下面我们用一个简单的例子来说明这种关联，比如，一个学龄前儿童是如何借由考尔德的雕塑作品来学习的。这件艺术品的主题是鱼，是用金属丝和一些随手可得的东西制作而成的，它的造型非常新颖，同时也保留了人们熟知的鱼的一些特征，如形状和纹理。当儿童看到它时，很容易把它与自己过去在书本中或者其他地方看到的真实的鱼联系起来。对一些孩子来说，这件雕塑作品虽然是个挂满海玻璃[1]、齿轮、碎贝壳的金属丝框架，但它与真实的鱼鳞有着显而易见的联系。这种联系能够帮助孩子基于已有认知来理解这件作品。尽管儿童的理解不够全面，但他们在把全新体验融合进已有认知的过程中已在二者之间建立起有意义的联系。儿童从很小的年纪就开始这样学习和理解事物了。

很多人认为儿童特别是5岁以下的孩子不具备理解陌生事物的能力，因此不带孩子去观看展览。有的人甚至认为博物馆的藏品与儿童的真实世界无关，所以从不带孩子进博物馆。事实上，即使是孩子不熟悉的东西，也可能与他们存在关联，关键是找到这些东西与儿童过往经历之间的交集。

如果儿童对博物馆的展品比较陌生，场馆教育人员和家长可以用孩子熟悉的一些东西来启发他们学习。举个例子，大多数孩子显然不熟悉非洲头枕，我们就可以用一个他们熟悉的小枕头来启发他们，这样他们就能理解非洲头枕的用途了。当陌生的东西与熟悉的东西之间建立起关联时，儿童通常会感到兴奋。也只有当新的事物与孩子的世界联系起来的时候，博物馆参观体验才具有前文所说的"相关性"。

今天的大多数博物馆教育人员已经认识到，在为儿童策划活动时要与他们的兴趣或已有认知联系起来，因此现在的很多博物馆体验对儿童观众来说都是有意义的。但情况一直如此吗？在博物馆的发展历程中，儿童观众有过怎样的地位呢？

回望博物馆儿童观众的发展史

18世纪的美国博物馆与现如今大相径庭。1773年查尔斯顿图书馆协会（Charleston Library Society）开始征集藏品[2]，1786年艺术家查尔斯·威尔逊·皮尔在

1　译者注：海玻璃是指经海水打磨而变得光滑的人为废弃的玻璃。
2　译者注：即启动查尔斯顿博物馆（Charleston Museum）的筹建工作，场馆于1824年正式对外开放。

自己位于费城的家中创办了第一个向公众开放的博物馆（Schwarzer 2006，p.8），这些事件标志着美国博物馆时代的开端。今天的博物馆从观众构成、空间设计到场馆体验，都与早期的博物馆截然不同。早期图书馆和博物馆主要专注于静态展陈，而今天的展览更注重吸引观众参与展览背后的故事，有时场馆甚至还会通过开展外部合作来邀请社区参与策展。过去两百年间，博物馆已然发展成为社会价值观的真实写照。

美国的博物馆最早源于少数富人的个人收藏。一些富人会把他们在旅行途中收集到的物件或者出于好奇而收藏的物件如一些自然标本随意地摆放在自家的展示柜里，供同阶层的富人朋友来鉴赏。这种陈列方式被称为"奇物柜"，通常仅流行于上流精英群体。随着时间的推移，藏品逐渐从个人家中走到图书馆里，于是就有了最早走进公众视野的展览（ibid.[1]），后来才出现专门为陈列藏品而设计的场馆。

当博物馆界普遍重视自身的教育功能并在展览和活动中贯彻执行这一理念时，儿童才开始成为博物馆的观众。"博物馆希望通过展品为公众提供有意义的学习体验，而展览则被认为是促进艺术和科学发展的工具，有助于提升公众的审美品位和道德标准。"（Findlay and Perricone 2009，p.8）虽然博物馆希望为广大民众提供服务，但还是有很多少数族裔和社会经济地位较低的群体被挡在了门外。尽管如此，博物馆观众的构成还是在改变，更多群体开始有机会走入博物馆，包括学龄儿童。随着博物馆进一步拓展观众群体，更多人有机会通过藏品来学习。全社会也逐渐开始把博物馆看作学习的地方。

就在传统博物馆还被普遍视为学术研究机构或是受过良好教育的人从事休闲活动的地方时，史密森学会向业界发出了不同的声音——博物馆应更好地发挥自身的教育功能。在时任秘书长（1887—1906）塞缪尔·P. 兰利（Samuel P. Langley）的领导下，史密森学会创立了"儿童空间"，把大量时间和资源放在了服务儿童观众上。兰利在这方面的开拓和创新始于1889年，最初是在鸟类展区尝试为儿童提供有意思的学习体验（NeCastro 1988，p.2）。尽管这些尝试最终结果不尽如人意，

---

1 ibid. 表示出处同前。

但通过这些尝试，兰利认识到"如果想用博物馆的现有资源服务儿童，就必须采取不同于以往的展览设计"（ibid.）。这些经验后来很好地指导了"儿童空间"的设计和规划工作。1901年，在"史密森城堡"南翼，"儿童空间"首次对外开放。这个展区依据儿童独特的学习方式而设计，里面装满了孩子感兴趣的展品，比如一个长方形的小型"水族馆"，里面还有小鱼游来游去；装了各种鸣鸟的金色鸟笼、动物的蛋、羽毛、矿物以及化石，所有这些展品都根据儿童的身高来设置（Shaffer 2015）。每个展品的标签也进行了修改，去除了原有的拉丁文，并将科学术语换成了简单的词汇。从墙壁和地板的颜色到透窗而来的自然光线，空间的每个细节都经过精心设计（NeCastro 1988）。兰利的目标远远不只是创建一个供儿童学习的展览空间，更重要的是"激发儿童的好奇心，潜移默化地启发他们热爱大自然"（Smithsonian Institution 1902，p.54）。

在博物馆界，兰利并不是唯一一个想到利用博物馆资源促进儿童学习的人。在威廉·H. 古德伊尔（William H. Goodyear）的领导下，纽约布鲁克林科学艺术馆（Brooklyn Institute of Arts and Sciences in New York）也在努力创建一个专为儿童设计的博物馆。这座全新的场馆——布鲁克林儿童博物馆（Brooklyn Children's Museum）的诞生在博物馆发展史上具有里程碑意义。在接下来的一个世纪里，以它为开端的儿童博物馆运动在全球范围内风起云涌。布鲁克林儿童博物馆作为世界上第一家儿童博物馆，创立于1899年。场馆最初的藏品是由布鲁克林科学艺术馆捐赠的一些被认为不太适合展览的东西。即便如此，布鲁克林儿童博物馆仍然为儿童营造了良好的学习环境，让他们有机会通过展品来学习。布鲁克林儿童博物馆和紧随其后的波士顿儿童博物馆（Boston Children's Museum，创立于1913年）广受欢迎，为接下来儿童博物馆的蓬勃发展奠定了基础，使其他地方有志于此的人们得以设计出符合儿童学习兴趣和独特学习方式的场馆。

早期的儿童博物馆也是收藏型机构，与传统博物馆的不同之处在于，它们主要为儿童提供动手学习体验，观众在场馆里可以通过多种感官来体验展品。在一些对公众开放的展品中，观众可以对岩石和矿物进行"分类、打磨和探究"（Hein 2006，p.166），通过动手探索自然标本和其他展品来学习。儿童博物馆强调，观察和思考是理解世界的重要途径。

20世纪初，博物馆开始与学校合作，让学龄儿童有机会通过博物馆的藏品来学习。很多教师希望通过利用真实物件来为学生提供更加丰富的学习体验（Findlay and Perricone 2009），于是开始组织学生参观博物馆。这种做法在20世纪的大部分时间里都颇为盛行。同时，馆校合作的发展也促使很多学校在校内创建了自己的博物馆，这一做法赢得了很多教师的支持，他们可以利用校内的博物馆资源丰富自己的课程内容。当美国进步主义教育运动蓬勃发展之时，博物馆开始为学龄儿童的教育贡献力量。尽管馆校合作的发展使得学生拥有更多机会走进传统博物馆，但学龄前儿童几乎没有这样的机会，他们只能去儿童博物馆。

到了20世纪中叶，美国的博物馆对一些国家大事和社会问题作出积极回应。苏联在1957年成功发射人造卫星，美国政府和民众将教育改革看作应对其在国际政治舞台上失利和解决社会问题的良策（Tyack and Cuban 1995），博物馆作为教育机构当然注意到了这一点。为了确保自身的全球领导地位，美国开始重视科学和数学教育，这导致与科学有关的博物馆数量激增，同时也改变了这些公共场所的教育理念。在旧金山探索馆（Exploratorium），很多由弗兰克·奥本海默主导设计的展览让观众拥有了探索和发现的机会，这完全改变了场馆原有的体验和氛围（Oppenheimer 1968）。奥本海默强调为观众提供多感官的学习体验，这种全新的展览方法很快得到了广泛传播，使博物馆界开始认识到，观众可以主动参与场馆体验。尽管奥本海默的方法针对的是所有观众群体，但在儿童和家庭群体中，多感官的学习体验格外有吸引力。

在博物馆体验从被动参观转变成主动学习的过程中，还有很多博物馆人作出了贡献。尽管大多数传统博物馆在过去不甚了解波士顿儿童博物馆馆长迈克尔·斯波克所强调的"体验式学习和触摸的乐趣"（Madden and Paisley-Jones 1987，p.2），但如今在策展时也开始思考如何结合这一理念了。自然博物馆中的探索空间、鼓励观众亲手触摸展品的探索小车以及专门为动手探索而设计的空间都源于迈克尔·斯波克的策展理念。在那段时间，这些空间几乎成了很多博物馆的标准配置。在增加了这些动手学习体验之后，博物馆逐渐被看作适合幼儿和家庭观众学习的地方。

20世纪60年代，美国总统林登·约翰逊提出了"向贫困宣战"，在此基础上开展的"开端计划"以及美国对儿童早期教育的愈加重视，使得人们对儿童和他们的学习潜力有了全新的认识。在贫困、教育对儿童产生的影响方面，相关研究不仅帮助人们更加深入地了解儿童，还让人们认识到儿童从很小的时候就需要教育。时间来到20世纪90年代，科技的进步促进了脑科学研究的发展，人们更加深刻地理解了儿童早期的学习。神经科学领域所取得的重大突破以及儿童早期教育相关的研究成果再一次证实早期学习的重要性，同时人们对儿童早期经历的重要性也有了更深的认识，早期学习受到了越来越多的关注。

在博物馆儿童观众的发展史上，美国博物馆协会[1]（American Association of Museums）于1992年发表的报告《卓越与平等：博物馆教育和公众参与》（*Excellence and Equity：Education and the Public Dimension of Museums*）具有非常重要的历史意义，因为它重新定义了博物馆的教育功能。这份报告强调了博物馆服务多元观众的社会责任，促使博物馆行业为所有年龄段、不同能力、不同种族的观众策划展览和教育活动。享受着这份报告所带来的红利，儿童观众走进了博物馆。

20世纪末，博物馆对儿童观众以及早期学习的兴趣愈发浓厚。美国儿童博物馆协会（Association of Children's Museums）在儿童非正式学习领域作出了重要贡献，填补了美国社会的空白，同时也促进了"通过游戏来学习"这一教育理念的传播和推广。基于博物馆创立的示范性学校，如史密森早教中心（Smithsonian Early Enrichment Center）和费城艺术博物馆（Philadelphia Museum of Art）旗下的"博物馆绘本学校"（Museum Looks and Picture Books）进一步证实了儿童通过艺术品和其他展品来学习的能力。包括政治家、国家媒体、本地学校理事会、家长在内的很多机构和个人以各种方式为早期学习提供越来越多的支持。尽管这一切不过是近几十年才发生的，但我们看到，早期学习的确已经成为一颗冉冉升起的新星，受到了越来越多的关注。

博物馆并非从一开始就欢迎儿童。但如今，很多博物馆都已经向学龄前儿童和

1　译者注：该协会于2012年正式更名为"美国博物馆联盟"。

婴幼儿敞开了大门，并且努力为他们提供有意义的学习体验。博物馆的教育目标是通过这些体验吸引儿童观众深度学习。为了实现这一目标，博物馆从业人员需要在深入理解教育理论的基础上策划场馆体验。

教育理论与实践

学习在博物馆中的重要地位不言而喻，从博物馆出现以来就一直如此。这一点体现在各个时代的博物馆使命中，不但每家场馆的使命宣言几乎都包含通过藏品来学习（或教育），而且不管规模大小、知名与否，场馆领导都会公开强调学习和教育的重要性。史密森学会旗下的国立自然博物馆（Smithsonian Institution's National Museum of Natural History）在使命宣言中写道，"我们的场馆通过专业的研究、收藏、展示和教育来传播知识，激发观众对自然和文化的学习兴趣，为社会的可持续发展贡献力量"（Smithsonian Institution 2015）。弗吉尼亚大学的克鲁格-卢赫澳大利亚土著艺术收藏馆（Kluge-Ruhe Aboriginal Art Collection of the University of Virginia）——一个很小的场馆——也在使命宣言中强调了"学习"，指出"我们的使命是帮助全世界更好地理解澳大利亚土著人民以及他们的艺术和文化"（The Kluge-Ruhe Aboriginal Art Collection of the University of Virginia 2015）。博物馆与学习是密不可分的。

既然教育是博物馆的核心，那么博物馆就应当认真思考教育理论在场馆工作中的作用。对场馆工作人员来说，直觉有时是很好的出发点，效果尚可，但仅凭直觉是远远不够的。教育理论不仅能够指导场馆更好地策划展览和活动，而且对展览和活动的开展大有裨益。当场馆环境或活动本身对孩子缺乏吸引力时，场馆教育人员可以回溯教育理论，寻找思考和解决问题的新思路。

海因的教育理论模型

杰出的认知理论学家乔治·E. 海因有大量著作，其中包括《学在博物馆》

（*Learning in the Museum*）（Hein 1998）。他在这本书中对教育理论进行了梳理，并且强调教育机构应明确自身所采用的教育理论框架，从而统一指导机构的实践。理论框架能够为工作中的重要问题指明方向，比如："人们如何学习？""哪些因素能够激发人们的学习动力，吸引人们深度学习？""在教育改革方面，博物馆应发挥哪些作用？"场馆可以结合教育理论来思考上述问题以及在实践过程中遇到的其他问题。

学习理论并不是当代才有，从古到今，它体现在人们的思想和实践中。这些理论描述了人类在接触新的信息时，如何进行加工处理，进而整合到自己的已有认知中，继而对世界形成新的理解的过程，即人类的学习过程。学习理论的内容融合了社会和文化信仰，也体现出特定时间、特定地点的主流价值观。有的理论在某个时代广受认可，但可能随着新想法的提出而变得不再可信；而有的理论则会先被接受、后被取代，而后又再度流行起来。

海因在《学在博物馆》（ibid.）一书中详细介绍了一个教育理论模型（图1.1）。他用学习理论和知识理论作为横轴和纵轴，用"不同的知识理论和学习理论的组合"（Hein 1998，p.22）把教育理论分为四个象限，每个象限代表一种学习方法。

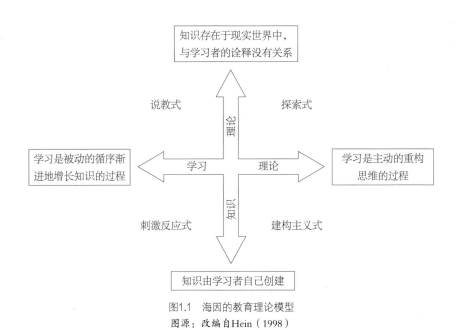

图1.1 海因的教育理论模型
图源：改编自Hein（1998）

对于知识本质的理解可以用一条连续的直线表示，其中一端称作现实主义，认为知识存在于现实世界中，与人类的诠释没有关系；另一端称作理想主义，认为知识由学习者自己创建，会受到各种因素的影响。与知识类似，关于学习的观点也可以用一条连续的直线表示，其中一端认为学习是被动的不断给头脑增加知识的过程，而另一端则认为学习是"主动构建知识的过程"；前者认为"学习是在获取新信息、了解更多事实、经历更多体验的基础上不断吸收直到形成知识的过程"（ibid., p.21），后者则认为知识是在头脑中构建的，是通过无数的感官体验获得的，这些体验包括日常的社交、文化的熏陶以及环境的影响。

海因的模型为我们理解不同教育理论提供了清晰的框架，同时也能帮助我们了解每种教育理论背后对知识本质和学习本身的理解。这个模型中的四个象限分别代表了四种学习方法：说教式、探索式、刺激反应式及建构主义式。虽然关于教育理论的著作众多，但海因模型的重要价值在于：它不仅能启发教育工作者和博物馆从业人员深入思考自己对学习的理解，也能让他们认识到知行合一的重要性。

建构主义理论与儿童的发展

进入21世纪以来，建构主义理论受到了美国以及其他西方国家教育工作者的广泛关注。在博物馆界，它被奉为吸引所有年龄段观众深度学习的最有效的方法。在正式学习领域，建构主义同样受到了赞誉。儿童是主动学习者，这一点与建构主义的方法深为契合。

早期学习模型（Early Learning Model）属于建构主义学习理论的范畴，它描述了儿童在学习过程中的几个关键行为（图1.2）。儿童构建知识的过程是不断变化且永无止境的，他们探索、体验、构思、想象和创造。在这个过程中，他们在与生俱来的好奇心的驱使下探索世界，通过各种感官体验世界，这些体验能够帮助他们获取新信息；随着信息的内化和整合，他们会在头脑中建立概念；在这些概念的基础上，儿童会想象这些概念的作用和相互关系，同时发挥自己的创造力，形成新的理解或想法。早期学习模型有助于教育工作者更好地理解儿童的学习过程。

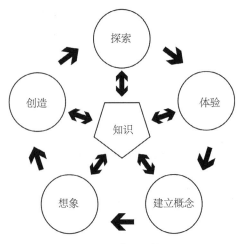

图1.2　早期学习模型

　　了解建构主义学习理论，有助于博物馆教育人员和教师更好地为儿童策划教育活动和课程内容。在活动中，儿童是什么角色？他们会有哪些行为？活动中的哪些元素体现了"以儿童为中心"的教育理念？是否为儿童提供了可以跟随兴趣自主选择的机会？儿童的意见是否受到了重视？场馆活动是否与儿童的已有认知或经历相关联？活动是否具有灵活性？如何定义活动成功与否？

　　博物馆的目标是为观众营造良好的学习环境，通过藏品和教育活动激发观众的学习兴趣，吸引观众深度学习。以建构主义学习理论为基础开展工作，能够帮助博物馆更好地实现这些目标。

学习理论的核心主题

　　建构主义学习理论不是什么新思想，但却是在结合了当下的社会历史背景的基础上重新思考得出的教育理念。作为当今社会的主流学习观，建构主义理论认为"人们是在自己的已有认知基础上构建新知识的"（National Research Council 2000）。包括杜威、皮亚杰、维果茨基、蒙台梭利、布鲁纳、加德纳在内的众多教育理论家的思想对教育工作者如何理解人类构建知识的过程产生了重要影响。教育工作者可以通过了解每位理论家的观点来认识这些思想。本书将这些思想归为四个主题——（1）体验的本质，（2）游戏，（3）认知方式，（4）学习动机，并就每个主题进行了简要介绍。

主题一：体验的本质

体验通常指的是感官体验，是建构主义学习最重要的特征之一。从一出生，儿童便开始通过自己的感觉——视觉、听觉、味觉、触觉和嗅觉——来探索世界。他们对通过感官体验获取到的信息进行内化和整合，构建自己对世界的认知（图1.3）。

美国著名哲学家杜威（1859—1952）在其著作中重点强调了"体验"的重要性，他认为体验是最主要的学习方式。杜威强调，体验本身是没有教育意义的，单纯地与环境互动不足以引发学习。根据杜威的理论，只有对体验进行反思，并将新的认知运用到未来的行动中，才能使体验有教育意义（Dewey 1916）。"我们必须将教育

图1.3　儿童在参与艺术创作活动

看作不断重建体验的过程"（Dewey 1897）。杜威所秉持的教育理念——要想让学习真正发生，感官体验和认知交互都是必不可少的——与当今教育工作者所持的观点遥相呼应。

当杜威的思想在美国广受追捧之时，苏联心理学家维果茨基（1896—1934）创建了自己的教育理论，并强调语言与体验之间要建立有意义的联系。他在著作中曾写道，"感官材料和词汇是建立概念的必要条件"［Vygotsky（1962）1986，pp.96-97］。在维果茨基的理论中，体验是老师。同时，他还强调了文化对人们理解事物和构建认知的影响。

在维果茨基的著作中，体验的含义更广，他强调社会交往或许是学习发生的最关键要素，甚至说所有学习都是在社会交往的过程中实现的。为了说明社会交往对于学习的重要意义，他提出了"最近发展区"（the zone of proximal development）的概念。他认为学习者的发展有两种水平：一种是现有水平，也就是学习者凭借自己的能力就能达到的水平；另一种是无论他人如何提供支持，学习者的能力都不足以达到的水平。他将这两者之间的区域称作"最近发展区"。在这个区间内，如果采取适当的支持（或称作"支架"），也就是由一个能力更强的同龄人或成人提供帮助，儿童就能完成超出个人能力的挑战。如果教育工作者理解维果茨基的"支架"理论，在设计课程或者场馆体验时就可以把难度控制在儿童的"最近发展区"内，这样既能避免因为难度太高而造成挫败感，又能向孩子提出挑战，帮助孩子达到更高的学习水平。这一理论在引导儿童学习的实践中得到了验证，因此受到博物馆教育人员和教师的广泛认可。

谈到"体验"，肯定绕不开瑞士心理学家让·皮亚杰（1896—1980）的理论。皮亚杰的研究强调感官体验对儿童早期学习的重要作用，他认为儿童需要主动参与学习过程。他曾写道，"如果孩子可以通过自主探索来学习，而我们却迫不及待地教会他们，会导致他们无法深入理解和学习"（Piaget 1970，p.715）。皮亚杰在他的著作中把构建知识的过程分为"同化"和"顺应"。当一个人通过与环境互动获取信息时，会先形成一个印象或概要来抓住这些信息的核心。此后，他会将这些信息与自己的已有认知进行对比，把相关的信息吸收进来，"同化"到自己的认知中。

如果已有认知和新信息之间存在矛盾，他就会调整自己头脑中已有的认知，形成更加完善的理解，这个过程就叫"顺应"。"同化"和"顺应"是相辅相成的，它们描述的是人类适应环境的过程。

意大利历史上第一位女性医学博士玛利娅·蒙台梭利（1870—1952）在其教育理念中也强调儿童需要通过感官体验来学习，由她创立的"儿童之家"致力于学前教育。蒙台梭利为儿童设计了独特的教具，让他们有机会通过丰富的感官体验来自主学习，在不断尝试解决问题的过程中掌握学习内容。在蒙氏学校里，孩子通过触摸立体模型等多种感官体验来学习字母，按照一定顺序堆叠积木搭建粉红塔，对比和辨别不同材质。感官体验被认为是必不可少的学习方式。

谈到体验，还有一位教育理论家不得不提，那就是杰罗姆·布鲁纳（1915—2016）。他相信体验的力量足以改变一个人，并且强调探索和发现是学习发生的关键，是人类解决问题和理解世界的重要途径。他在著作中强调，学习是通过参与体验"建立认知"（Bruner 1966，p.72），而且"认知是一个过程，而不是一个结果"（ibid.，p.72）。

儿童的行为也印证了体验对于学习的重要作用。在日常生活中，儿童带着与生俱来的好奇心，通过五种感觉——视觉、听觉、味觉、触觉和嗅觉——探索身边的一切事物。建构主义阵营的理论家一致认为，儿童通过感官体验和社会交往来学习，并且会主动参与到学习的过程中。

主题二：游戏

游戏是儿童必不可少的学习方式，正如皮亚杰 [（1951）1962] 所说，游戏是"儿童的工作"。这一观点已经受到了儿童心理学和儿童发展研究领域的普遍认可，但在这些领域之外却很少受到重视。游戏有很多种形式，也具备多方面的学习价值。它可以是正式的，也可以是非正式的；可以是事先设计好的，也可以是即兴的；可以是一个人玩的，也可以是多人参与的。理解游戏对于儿童学习的重要意义，有助于博物馆从业人员结合藏品策划出吸引儿童深度学习的展览和教育项目。

包括维果茨基和皮亚杰在内的很多教育理论家都认为，游戏是儿童理解世界的重要途径。儿童通过扮演不同的角色模拟日常生活经历，在游戏过程中理解自己身边发生的事。他们通过想象不同的情境来深入思考，表达自己的想法。他们会用一些东西来代表现实世界中的另外一些东西，比如，用一支木棍来代表一匹马，用积木来代表一部手机，用盒子来代表一辆小汽车。在游戏过程中，

> 儿童从此时此地的现实世界，也就是他们通过多种感官体验到的世界，进入到自己想象中可能存在的世界。他们可以从实际到可能，从具体到抽象，从回答"是什么"到回答"如果……会怎样"。这个过程中，他们的行为表现就像真的一样。

克拉科夫斯基 2012，pp.55-56

主题三：认知方式

认知方式指的是学习的天资和方法，探讨认知方式的前提是承认人们理解世界的方式是多元的。霍华德·加德纳（1943—　）在《智能的结构》（*Frames of Mind: The Theory of Multiple Intelligences*）（Gardner 1983）一书中对既有的智力概念提出了挑战。此前人们通常把智力界定在语言和数理逻辑能力的范畴，而加德纳强调人类具有多种不同的认知能力或称作智能优势，并且初步提出了每个人天生都具备的七种认知方式或称作七种智能：

（1）数理逻辑

（2）空间

（3）语言

（4）身体运动

（5）音乐

（6）人际

（7）内省

后来，他还将自然探索智能和存在智能看作人类可能具备的智能。

加德纳的理论拓宽了人们对认知方式的思考范围，引发了大家对艺术的关注。在艾略特·艾斯纳（1933—2014）的引领下，众多艺术倡导者都在强调舞蹈、音乐、视觉艺术和戏剧表演的重要作用。艾斯纳认为，艺术的世界是用心去感受的，体验艺术的过程本身对于学习者来说就是一种享受和回报（Eisner 1985，p.35）。

主题四：学习动机

为了更好地理解学习，很多理论家研究过学习动机。一个共同的研究成果是：个人兴趣是学习的重要动力。杜威（1897，p.15）曾写道，"成人只有带着同理心，持续观察儿童的兴趣，才能进入儿童的世界，看看他们能做什么，哪些材料能够帮助他们学习和发展"。同样，布鲁纳（1960）也曾强调"激发儿童的学习兴趣"（p.31）的重要性。

亚伯拉罕·马斯洛（1908—1970）从人类需求和自我实现的角度探讨了动机，他强调，只有在人类的生理需求、安全需求、归属感被满足的前提下，更高层次的需求才能被激发。同时，马斯洛的需求模型也说明，外部因素会对学习产生影响。

米哈里·契克森米哈赖（1934—2021）将动机划分为内在动机（来自人内心的渴望）和外在动机（在外部刺激的作用下产生，如奖励或其他形式的激励）。契克森米哈赖和赫曼森曾在博物馆的语境下探讨过学习动机，"由内在动机驱动的学习过程表明，博物馆展项首先必须抓住观众的好奇心"（Csikszentmihalyi and Hermanson 1999，p.153），才能让观众产生持续的兴趣。

在学习动机相关的研究中，契克森米哈赖提出了"心流"的概念。所谓"心流"，是指当一个人在某方面达到了较高水平时，由于高超的技能，与此相关的动作对他来说不需要思考就能完成。舞蹈家、音乐家以及高水平的运动员便属于此类。"心流"不仅可以用来描述迈克尔·乔丹和马友友巅峰时期的表现，还可以用来思考其他类型的活动。儿童忘我地绘画或玩积木，全身心地投入其中，就是经历"心流"体验的典型例子。相较于外部奖励（外在动机），"心流"（内在动机）被认为在学习中发挥了更重要的作用。

理论学习

理论学习对于博物馆从业人员非常重要，因为它可以帮助他们更好地理解儿童的学习方式。但同时也要记得，大部分从业者都对儿童有了一定的了解，有些可能来自观察和实践，有些可能来源于家庭成员之间的互动。其实大多数人出于直观认知，都能列举出孩子身上的一些典型行为。但是只有通过理论学习才能获得更加深入的理解，进而更好地服务儿童观众。本书对相关理论进行的简要介绍远远无法满足指导实践的需要，但希望这些内容能帮助博物馆从业人员打开理论学习的大门，为未来的深入学习奠定基础。

结语

博物馆是非常适合儿童学习的地方，它能吸引儿童的参与，激发儿童的好奇心，启发儿童的学习兴趣。通过回顾博物馆儿童观众的历史，我们不仅能看到过去发生的巨大变化，也能在现有基础上寻求进一步提升。就博物馆为婴幼儿和学龄前儿童提供的学习体验而言，通过对比过去和现在的做法，我们不难发现，早期学习在博物馆中获得了前所未有的重视。

为了更好地服务儿童和家庭观众，对于博物馆从业人员来说，是时候开始理论学习了。要深入研究博物馆和早期学习相关的问题，特别是实物在儿童学习中的价值以及周围的事物对儿童学习的影响。

希望博物馆从业人员、早期教育工作者、家长和儿童权益的倡导者在阅读了本书之后，重新审视儿童与物件的关系，回顾过去的经验，思考当下的实践并畅想在科技改变着人与环境互动方式的未来，我们应当如何利用身边的物件更好地促进儿童的早期学习。

第二章　博物馆里的物件：一个关于变迁的故事

当独特的物件遇到了个人经验，二者不是简单地叠加，而会碰撞出新的火花。

——伊丽莎白·伍德、基尔斯滕·F.拉瑟姆

导言

博物馆的发展史与人类收藏的观念以及物件在人们生活中的重要地位一直有着千丝万缕的联系，这一点在不同时代、不同文化中都有记载。博物馆最早是存放物件的地方，这些物件一方面供专业人士研究使用；另一方面展示给公众，传播知识。如今人们已经普遍认同"教育是博物馆的重要功能"，这一点在很多机构的使命宣言中都有体现，比如史密森学会使命宣言中的名句"促进人类知识的增长与传播"。这说明知识是有限的，是所有人都可以分享的，而博物馆是观众学习知识的重要途径。直到20世纪下半叶，这种观念才受到了挑战，有关博物馆学习的研究已不再把物件看作真理的载体，而是强调物件的意义要结合观众的个人经历来思考。这种从"以物件为中心"向"以观众为中心"的转变，说明了收藏型博物馆中的物件以及人们对它们的理解正在发生改变。本章开篇所引用的伊丽莎白·伍德和基尔斯滕·F.拉瑟姆的名言即突显了博物馆领域的这种新观点，强调要在物件和个人经验之间建立起联系。

随着传统博物馆对物件的看法发生了改变，儿童博物馆中的展品也被赋予了新

的意义。1899年创立的布鲁克林儿童博物馆在为儿童设计的空间里精心策展，让儿童有机会仔细观察各种物件。早期的儿童博物馆与传统博物馆类似，以藏品为主，只是在策展时考虑了儿童的需求，降低了展示柜的高度，减少了展品说明，以儿童普遍特别感兴趣的自然标本填满了展览空间。

20世纪初的儿童博物馆为儿童观众提供了全新的互动方式，包括亲自动手体验物件。1902年，布鲁克林儿童博物馆的策展助理安娜·比林斯·盖洛普提出了全新的想法——为儿童提供直接的触觉体验，这与传统的博物馆体验大相径庭。用盖洛普的话说，"布鲁克林的孩子们涌入了这座属于他们的博物馆，他们观察、动手体验，并讨论着自己发现的各种宝贝"（Hein 2012，p.84）。

早期的儿童博物馆大多还是以藏品为主，直到20世纪60年代，旧金山探索馆的弗兰克·奥本海默和波士顿儿童博物馆的迈克尔·斯波克进行了开创性的工作，彻底改变了博物馆的样子，再度掀起儿童博物馆运动的浪潮。

到1975年，美国已经有38家儿童博物馆在为儿童观众提供专门为其设计的展览，这标志着一场席卷全美的儿童博物馆运动的兴起。这些场馆基于奥本海默和斯波克的创新理念，在创建过程中充分考虑了儿童的学习方式和发展需求。随后，儿童博物馆迎来了高速发展。与此同时，物件在博物馆中的作用发生了改变，"通过游戏或互动来学习"的理念受到了越来越多的重视。这些发展变化已经载入史册，今天的我们可以看到物件在各个时代博物馆中的不同作用以及人们对它们的不同理解。这个演变过程不仅体现在传统收藏机构中，也反映在专门为儿童设计的场馆里。

无所不在的物件

人们一直把物件与博物馆联系在一起，从最开始的时候奇珍异宝被富人以非正式的方式摆放在家中，到21世纪的今天各种类型的博物馆里陈列着各个领域的藏品。虽然物件在博物馆中的重要地位貌似是不言自明的，但我们仍需强调物件已深深地融入博物馆的演进历史中。即使今天的人们看待物件的方式发生了一些转变，它们仍然是博物馆使命和愿景的重要组成部分。

博物馆的藏品都是经过甄选的物件，它们不仅体现了场馆的使命，很多时候还承载了场馆的文化价值。从稀有的科学标本、人工制品到艺术品，博物馆的藏品在呈现这个世界的纷繁复杂的同时，也展现了人类的智慧。物件能够抓住观众的好奇心，为他们打开通往过去的大门，帮助他们了解世界各地的文化传统和实践。依托物件来讲述人们耳熟能详或闻所未闻的故事，可以激发观众内心的情感回应。毫无疑问，物件在我们的日常生活中也有着同样重要的作用。

物件无处不在，是我们的日常生活的重要组成部分。有些物件被认为价值连城，而有些物件则被认为无足轻重。有时，物件彻底融入生活中，人们几乎感觉不到它们的存在；而有时，它们又会因为某种用途或其他原因受到关注。这个原因可能只是激发了某个人的好奇心，使他想要去探索和了解更多。我们的生活离不开物件，它们承载了我们的记忆，代表了我们的兴趣，激发了我们的情感，谱写了我们的故事。这些千丝万缕的联系都可能促使我们去收集或保存物件。

物件的范围很广，包括自然标本、人工制品等。很多物件都能吸引注意力，激发好奇心。人往往从很小的时候就开始对自然界的一些东西——比如岩石、宝石、鸟巢、羽毛——感兴趣了，而且这种兴趣会贯穿一生。如果孩子从很小的时候就对大自然表现出浓厚的兴趣，那么他们长大后很可能会成为昆虫学家、鸟类学家和古生物学家。

大自然的馈赠并非收藏者唯一的灵感来源。反映文化的人工制品代表了世界的另一个侧面，它们也能激发很多人的好奇心。人工制品代表了人类历史上不同地方、不同民族的发展。最早的人工制品可以追溯到260万年前的石器（Smithsonian Institution National Museum of Natural History 2016）。虽然没有天然石器历史悠久，但这些东西已经被早期的人类拿来作为工具使用了，这一点我们可以从史前洞穴壁画中找到证据。

人类早期的手工制品大多有实际用途，但随着时间的发展，很多东西不再单纯地追求实用。我们从很多人工制品上可以看到制造者对各种材质的实验或对各种技艺的打磨，这带来了工具的革新，同时也构建了很多群体的"文化身份认同"，演进成某个群体"特有的制作方式"（ibid.）。举个例子，陶制容器最初都是有具体用途的，但随着时间的推移，在创作它们时，艺术家不仅考虑了实际用途，还增加了创新设计。由此，物件所蕴藏的含义变得更加深厚，它们不但反映了工匠的视野，而且体现了当时的文化。从自诩"比洛克西的疯狂陶工"的乔治·欧尔的作品中，我们便能看出这种从实际用途到艺术和创新的转变。欧尔被公认为"美国首批（也有人说是美国最优秀的）陶艺家之一"（Black 2009，p.18），他最初的作品主要是"实用的日常消费品，如咖啡杯、花盆、烟斗和水壶"，后来他的创作更多地展现了高超的技巧、各种奇思妙想和丰富的想象力（ibid.，p.18）。

如今人们接触物件的机会多到超乎想象，并且在面对每种物件时都有非常多的选择。21世纪的物质极大丰富而庞杂，似乎取之不尽、用之不竭。我们无法脱离物件去思考人类体验，即便在人们的生活中和美国的博物馆里，物件的作用也都已经发生了变化。

博物馆中的物件——不断变化的视角

人类的智慧充分体现在各个时代、不同地方的人所创造出的人工制品上，我们从五花八门的博物馆藏品中很容易看出这一点。21世纪，我们对博物馆的认识从过去的"存放奇珍异宝的地方"或类似史密森学会的"国家宝库"，逐渐转变成不再仅仅是"存放无价之宝和其他物件的地方"（Schwarzer 2006，p.1）。随着对博物馆认识的转变，我们看待和理解物件的方式也变得更加复杂。玛乔丽·施瓦泽在《财富、竞争与改革：美国博物馆一百年》（*Riches, Rivals, and Radicals: 100 Years of Museums in America*）一书中描述了这一变化，"过去博物馆为珍贵的物件提供权威的诠释，而如今博物馆承认观众对物件可以有很多不同的解读"（ibid.，p.2）。越来越多的人不再认为"知识存在于物件之中，其意义可以超越它的出处和时代"，转而相信"物件的意义对每个人来说都是与众不同的，由每个人自己构建"。这种转变不仅在如今的西方博物馆界方兴未艾，而且开始在世界各地被很多教育工作者和博物馆从业人员争相探讨。

究其根源，这种观念的转变可以追溯到20世纪60年代兴起的"体验式学习"（或"参与式学习"）风潮（H. Hein 2011），而美国博物馆协会于1992年发布的报告《卓越与平等：博物馆教育和公众参与》（*Excellence and Equity*：*Education and the Public Dimension of Museums*）则进一步推动了这一转变的发生。这份极具前瞻性的报告强调"教育功能是博物馆服务公众的核心"（p.8）。负责起草这份报告的工作组建议，为了减少过去馆内不同部门之间的矛盾和冲突，同时也为了赋予观众自主解读展品的权利，博物馆内负责收藏、保护、研究和教育的各部门要重新思考如何通力合作，寻求平衡。这份着重强调博物馆教育功能和观众多样性的报告预示着未来展览设计和内容的改变，同时也预示着观众角色的转变。

《卓越与平等：博物馆教育和公众参与》呼吁博物馆界重视教育功能，认清观众的重要地位，明白"如果善加利用，国家民族的多元能使博物馆更加生动、丰富多彩"（ibid.）。这份具有里程碑意义的报告所强调的观众视角，后来随着人们对建构主义学习理论的兴趣日渐浓厚而得到进一步证实和发展。在20世纪90年代博物馆界领军人物乔治·E. 海因的引领下，相关教育理念在博物馆界受到了广泛关注，随后又在更多人的努力下传播到更广泛的教育领域。

在深入研究学习理论及其在博物馆领域的应用时，海因引用了19、20世纪著名理论家的一系列观点，希望教育工作者能重新思考自己对博物馆体验的认识。他在《学在博物馆》（*Learning in the Museum*）（1998）一书中强调，"如果展览能让每个观众动手动脑，交流互动，会更有助于观众在头脑中构建知识，从而达到最好的学习效果"（封底）。

从20世纪90年代到现在，博物馆从以物件为中心到重视观众视角，这一转变过程并非一帆风顺，新的理念也是一点点逐步被接受的，尤其是在一些规模较小的场馆，但最终转变还是发生了。一些博物馆从业人员为了推动博物馆行业深入思考这一问题，积极研究相关理论与实践，并将相关研究成果分享出来，使得整个行业对这个问题有了更深的理解。《从边缘到中心：21世纪的艺术博物馆教育》（*From*

Periphery to Center：Art Museum Education in the 21st Century）一书（Mayer 2007）
表达了希望更多同行能一起研究博物馆教育理论和实用技巧的意愿。在其中一篇论
文中，梅琳达·梅耶提出，观众之间的交谈以及观众与场馆教育人员之间的交流对
于观众学习非常重要，这些交流在博物馆里应该成为一种常态，而不是个别现象。
她强调，从20世纪80年代起，这种常态"体现了博物馆比过去更好地平衡了重视物
件与观众视角之间的关系"。但同时她也指出，博物馆应该更加重视展区内的交流
和互动，如果场馆能把重点放在观众而不是物件上，可能会"在观众与艺术品之
间建立更深的联系，从而给观众留下难忘的回忆"（ibid., 189）。虽然对博物馆来
说，从以物件为中心到观众视角的转变还没有完全实现，但这一点未来仍会是大家
感兴趣并持续探讨的问题。

　　博物馆领域的专业期刊对比分析了不同观点，这说明业内还未形成共识。有些
人认为，关键是要解决保护藏品和服务公众之间的矛盾，这其中包括《博物馆教
育期刊》（*Journal of Museum Education*）在2011年时的客座编辑伊丽莎白·索默。
她在这本期刊的介绍中说道，"即便有些场馆试图响应《卓越与平等》中的号召，
重视教育，但实际上观众体验往往并没有真正突破过去的模式"（Sommer 2011,
p.130），至少在历史博物馆、艺术博物馆等传统博物馆内仍是如此。索默指出，观
众体验在科技馆和儿童博物馆已经得到了足够重视，因为相较于其他类型的场馆，
这两类博物馆可以为观众提供更多互动体验。

　　希尔德·海因在2011年的《博物馆教育期刊》中谈到了互动体验，她的文章为
"思考21世纪博物馆中物件的作用提供了理论框架"（H. Hein 2011）。她强调，博物
馆从"单纯地保护珍贵的文物、传播知识和传承文化"到关注观众体验的转变，恰
恰是认识到"观众需要主动参与学习过程，通过动手体验来构建知识，而不是被动
地被灌输知识"（p.181）的结果。她进一步推测，这一转变"让人们有机会表达不
同的观点，形成自己的解读"（ibid., p.181）。直到今天，她的观点在博物馆领域
仍然受到很多人的关注。

　　正如希尔德·海因所说，人们已经普遍认识到，对于同一个物件，每个人都会
以不同的方式进行解读，进而得出"多种不同的观点"（p.181），这是因为每位观

众的已有认知、个人经历、兴趣和文化都不尽相同。举个例子，在看到一个白鹤造型的胸针时，有些人欣赏它的美或镶嵌其上的宝石，而有些人则关注它在中国文化中的象征意义，还有些人在看到它时想起了自己家的传家宝，另外一些人可能不太喜欢上面的宝石而更喜欢金银饰品。观众的个人喜好和已有认知在他们欣赏物件的过程中发挥着非常重要的作用，这虽然不会改变物件本身的起源，但会影响到物件所激发出的情感回应和观众的学习过程。当然，这是属于每一个观众自己的故事。

2017年，物件的作用仍然是博物馆领域思考、研究和探讨的重要课题。近年来这方面的研究成果也很多，伊丽莎白·伍德和基尔斯滕·拉瑟姆的著作《体味物件：改变博物馆体验》（*The Objects of Experience：Transforming Visitor-Object Encounters in Museums*）（2014）便是其中之一。这本书探讨了物件在观众体验中的作用，强调博物馆有责任基于物件策划高质量的体验，并且要在设计这些体验时注意，"物件的意义不是像一条数据那样一成不变的，相反，在物件来到博物馆之前以及展出期间，每个与它们有过交集的人都为它们赋予了不同的意义"（ibid.，p.163）。这本书为博物馆实践指明了新方向，鼓励博物馆从业人员在策划场馆活动和体验时，既要考虑"观众对物件的体验因人而异"，又要认识到"这些体验也是有规律可循的，这些规律能够帮助场馆策划出高质量的体验"（ibid.，p.21）。这本书的作者希望21世纪的博物馆能更加深入地探索和挖掘人与物件之间的联系。

2017年，正值新旧观念交替之际，我们还没有在物件本身的意义和观众在解读其过程中产生的影响之间找到平衡点。专业的策展人在博物馆中扮演的是什么角色？每个物件都能由观众来解读吗？有没有哪些物件不适合这种全新的解读方式？这对语音导览或者讲解员的工作会产生哪些影响？如果博物馆从业人员考虑了观众的视角，展览设计会发生哪些改变？尽管现在的博物馆比以往更加重视观众的视角，但在很多场馆，一方面最新的理论还没能应用到实践中，另一方面也还没有在物件和观众之间找到平衡点。毫无疑问，这个问题还需要进一步深入讨论。

同时，对物件作用的探讨也改变了教育人员在博物馆中所扮演的角色。他们希望在展览和活动策划的过程中与策展人平等合作，发挥更大的作用，而不是像以往那样只能做"事后诸葛亮"。好消息是在很多博物馆里已经有教育人员和策展人在展览策划的过程中通力合作，但也还是有一些场馆沿袭过去等级森严的做法——研究人员负责决策，教育人员无法发挥应有的作用。

相较于20世纪，教育在展品阐释过程中占据了比以往更加重要的地位，因此在整个博物馆领域受到越来越多的重视和支持。但在很多博物馆从业人员看来，博物馆的教育功能仍未受到应有的重视。用索默的话说，"我们不应满足于现状，发布于1992年的报告《卓越与平等：博物馆教育和公众参与》提出了很多要求，只有当这些要求在全国大大小小的博物馆中都得以实现时，我们才能说达成了目标"（Sommer 2011，p.131）。把教育功能作为博物馆的核心，在这方面投入更多资源和力量，是博物馆教育工作者不懈追求的目标。

传统博物馆和儿童博物馆是如何看待物件的作用的

博物馆领域的不同观点：调查问卷和访谈结果以及线上开放论坛收到的反馈

作为一名博物馆从业人员和作家，我认为，要想理解博物馆的理念和实践，我们需要首先了解博物馆领域存在哪些不同观点。为了实现这一目标，我设计了一份调查问卷，发给了一些同行，还对一部分人开展了非正式访谈，试图了解更多博物馆的观点，并且通过开放式论坛——美国博物馆联盟的在线讨论平台——扩大参与面。接下来，我将详细阐述通过上述方式得到的反馈结果。另外，学术研究和文献也是一种重要途径，可以帮助我们从另一个角度理解物件在不同类型博物馆中对儿童学习的作用。

几百年来，人们一直把物件与博物馆联系在一起。既然有各种各样的博物馆——从正式的收藏型机构到非正式的基于游戏理念的场馆，那么博物馆从业人员对物件的界定方式以及其在博物馆和学习中的作用有不同的理解，也就不足为奇了。想要深入理解博物馆以及其他机构如何为儿童的学习提供支持，可以从以下几个问题入手：

- 物件在儿童的学习中能起到什么作用？
- 这一点在以收藏为主的传统博物馆中是如何体现的？
- 这一点在儿童博物馆的环境中又有什么不同？
- 真实的物件对儿童的学习有什么价值？
- 为什么说物件是促进儿童学习的重要工具？

以这些问题为起点，我们可以理解博物馆领域的不同观点，发现更多通过协作来学习的机会，进而更好地服务儿童。

传统博物馆如何看待物件和藏品

21世纪的传统博物馆在保留了过去收藏型机构的很多特点的同时，也开始从全新的角度思考物件和观众。对孩子来说，去传统博物馆主要意味着带着敬畏和兴奋去看一些日常生活中难得一见的东西，比如自然博物馆的恐龙化石和骨架，文化场馆中用干葫芦或其他天然材料制作而成的乐器。儿童的兴趣和好奇心是驱动博物馆策划展览和体验的源泉。展览中用到的物件以及动手体验中用到的东西都是传统博物馆的重要组成部分，它们能够帮助儿童和成人更好地理解和学习。

斯科特·帕里斯的著作《关于博物馆中围绕物件开展学习的诸多视角》（*Perspectives on Object-Centered Learning in Museums*）（2002）为思考物件的特点和它们所蕴藏的丰富学习机会提供了很好的起点：

> 相较于通过文字和对话来学习的传统方法，基于物件的学习具有下列特点：保持原始状态的物件能够吸引人们的兴趣；分享对这些物件的想法有助于启发人们深入思考；对物件作出回应有助于加深人们的学习体验。直接体验真实、独一无二的物件能激发人们的好奇心、探索欲和情感回应。
>
> 第xvi页

帕里斯强调了"真实物件"（ibid., p.xvi）的力量，也就是孩子们口中的"真家伙"。他们想要亲眼看到这些东西，否则他们是不大会相信的。其实大部分学龄前儿童在参观博物馆时都会不假思索地问："这是真的吗?""那个恐龙骨头是真的吗?""那些鲨鱼牙齿是真的吗?"尽管孩子对"真实"一词的理解可能很浅显,但他们会觉得真实的东西有点特别或是独一无二的。这种感觉对场馆体验产生了非常重要的影响,它有助于抓住孩子的兴趣和注意力。孩子对"真家伙"的渴望恰恰印证了帕里斯所说的"真实物件"的力量。

同时,帕里斯也认为,直接体验真实物件能够激发好奇心。儿童有着与生俱来的好奇心,无论是美国国家历史博物馆(National Museum of American History)里19世纪的消防泵,还是大都会艺术博物馆(Metropolitan Museum of Art)里20世纪初的壶形鼓,都能引起孩子的兴趣。他们在一开始可能会被博物馆展品的新奇外观所吸引,但随后这些物件为人所知的功能将进一步帮助孩子与日常生活建立起有意义的联系。

好奇心是儿童行为的内在驱动力,它让儿童渴望看见和了解真实的东西而非仿制品。弗农山庄园教育副总裁艾利森·威肯斯指出,"对孩子来说,一顶塑料消防帽和一顶真正的消防员戴的头盔是完全不同的体验",后者的价值更大,"因为它能让孩子与现实世界建立起联系"(Wickens,questionnaire,2017)。威肯斯认为,特别是在一些历史博物馆或者古迹中,"相较于单纯地描述很久以前生活的人,体验那时的真实物件更能帮助孩子与过去的人建立起联系"(Wickens,questionnaire,2017)。孩子自身的兴趣也有着同样强大的力量。

在谈到这个问题时,就不能不提有形实物对学习的重要价值,帕里斯在描述基于物件认识事物的好处时也暗示过这一点。无论过去还是现在,物件在博物馆都有着至关重要的地位。这不仅是因为它们是知识的来源和研究者关注的重点,更重要的是因为它们能激发公众的好奇心和学习兴趣。在精心策展的基础上,能吸引观众深度参与和学习。

儿童学习的一个重要特点是通过各种感觉——视觉、听觉、味觉、嗅觉和触觉——去体验世界,在整合这些经验的基础上构建自己对世界的认知。让他们主动参与学习过程,全方位地体验真实物件,能帮助他们更好地学习和成长。他们对自己看到的事物感到好奇,当知道某件人工制品或标本是真实的,他们会激动不已。

他们会主动寻找各种机会，通过自己的感官去探索和学习。在21世纪的博物馆里，观众可以通过多种感官体验来学习，从而达到更好的学习效果。举个例子，在博物馆里，一组家庭观众正在仔细观察一套香草篮子展品。香草篮子是17世纪由一些奴隶带到美国的传统手工制作形式，这组家庭中的孩子通过场馆里的动手活动——感受各种纤维的质地并尝试类似的编织方法——深入了解了这些展品。展区还用一段简短的视频演示了妇女制作香草篮子的过程，帮助观众全面了解与之相关的信息。另外，场馆还提供了最近登记造册的人工制品以及植物纤维等日常生活中常见的材料，帮助观众更好地理解展品。

理想情况下，传统博物馆也能为儿童提供多感官体验。虽然场馆不能让儿童触摸展品本身，但可以为他们提供通过其他感官体验展品的机会，比如，听听消防车的声音，或者敲敲跟展品类似的鼓。尽管多感官体验为儿童与藏品建立联系提供了不同的切入点，但我们还是要认识到丰富的视觉体验对儿童学习的重要作用。

儿童早期发展领域的专家艾莉森·威廉姆斯博士认为，即便没有提供触摸或多感官体验，传统展览也能为孩子提供学习的机会，物件的陈列方式就在向儿童传递一些信息。在自然博物馆里，"他们（儿童）在学习分类的方法——这些是蝴蝶，那些是甲虫——这是儿童早期最基本的数学和科学思维能力"（Williams，questionnaire，2017）。在威廉姆斯所举的例子中，当儿童仔细辨别甲虫之间的异同时，是在锻炼自己的观察能力。关注细节是非常重要的能力。尽管看似简单，但在观察的过程中，孩子其实是在锻炼自己的技能，学习对比不同的事物，为未来的学习奠定基础。

威廉姆斯强调，视觉是重要的学习途径。博物馆里的物件，如乌龟壳或美国建国初期小贩的手推车，都对孩子有着巨大的吸引力。视觉体验是观众在博物馆学习的起点，同时也是之后了解人工制品或标本的基本物理特征的基础。

正如帕里斯（2002）所说，"真实物件"就有这样的魔力，它能"加深体验，激发好奇心、探索欲和情感回应"（p.xvi）。在我们的调查中，很多人都对此表示认同。独立学者兼博物馆顾问芭芭拉·佛朗哥把自己的童年经历与马萨诸塞州莱克星顿的国家遗产博物馆（National Heritage Museum）的展览"童年宝贝"（Childhood

Treasures）联系在一起，回想起自己小时候与各种物件之间建立的情感联系。在策划这个展览时，佛朗哥和她的同事以"童年宝贝的故事"为主题开展了调查研究。研究发现，大部分孩子都有"藏宝盒以及对自己来说很重要的小玩意儿"（Franco，questionnaire，2017），直到成年以后，这些美好的回忆和情感也没有被淡忘。很多时候，人在童年时感兴趣的物件与成年后的生活有着紧密的联系，"一个小时候喜欢收集玩具火车的人长大后一生都在从事与铁路相关的工作；一艘玩具船的主人长大后成为一名海军上将"（Franco，questionnaire，2017）。佛朗哥对"这些关于童年物件的精彩故事"（Franco，questionnaire，2017）印象深刻，同时她也记得这些成年观众在看到展览中勾起童年回忆的物件时的情感反应。对于每一个物件，每个人都有自己的解读。

在《参与式博物馆》（ The Participatory Museum[1] ）一书中，尼娜·西蒙（2010）在谈到如何把观众体验从被动观看变成主动参与（符合儿童的发展需求）时，强调了物件对观众交流的促进作用。西蒙提出，有些物件"总是能吸引观众交谈"（ibid.，p.129），它们具有一些显著的特点——"与个人经历、某种活动、人们熟悉的事物有关，或能激发某种情感"（ibid.，p.129），这些特点为观众交流提供了不同的切入点。

每家博物馆都有这样一些能促进观众交流的物件，它们对成人和儿童有着同样的吸引力。在位于华盛顿特区的美国国家历史博物馆里，一组20世纪中叶的老式金属午餐盒唤起了某个年龄段观众的回忆，同时也开启了几代人之间的交流，他们会对比这些午餐盒与我们现在使用的午餐盒有哪些相同点和不同点。这些物件在勾起人们回忆和情感的同时，也会促使人们与有着类似经历的人分享自己的故事。相较于成人，孩子会更容易敞开心扉，与家人以外的其他人交流互动。很多时候，对于与自己生活有关的东西，他们会非常愿意分享自己的感受。如果一个孩子去过海滩，那么一组萨尼贝尔岛特有的贝壳展品便很可能开启他与其他人之间的交流。物件能帮助观众找到共同的话题，分享相似的经历。

---

1 译者注：此书中文版《参与式博物馆》于2018年5月由浙江大学出版社出版发行。

21世纪的博物馆不再只是一些端列于玻璃展柜后的物件，很多展览都提供了多感官体验，这在50年前几乎是无法想象的。博物馆在服务更多元观众的同时，也鼓励观众从多种角度理解展览内容。为了服务更多观众特别是儿童观众，很多传统博物馆提供了动手探索的空间，或者专门设计了符合儿童发展需求的学习环境。举个例子，位于华盛顿特区的美国国家历史博物馆的"韦格曼仙境"在2015年对公众开放，该展区是专门为6岁以下儿童设计的，孩子在这里可以通过游戏来学习，还有机会体验自己感兴趣的真实物件。其官网上有这样一段话：

> 我们馆里年龄最小的观众可以在为他们量身定做的"朱莉娅·切尔德的小厨房"里自己做饭，在史密森城堡中寻找猫头鹰，在以一件藏品为原型打造的拖船上担任船长指挥航行。通过我们精心策划的展陈和游戏活动，孩子们有机会以符合自身发展需求的方式了解我们国家的方方面面以及不同地方的故事。

尽管传统博物馆是收藏型机构，但如今各类博物馆如艺术博物馆、历史博物馆、科技馆、文化中心中都有基于游戏理念设计的空间。这些空间受到了年轻家庭的追捧，它们的创立是基于相同的理念——游戏互动的过程能把儿童与真实物件联系起来，激发他们的好奇心，鼓励他们走出游戏空间，在更大的场馆里通过人工制品、标本和艺术品来探索和学习。

如今的传统博物馆反映着日新月异的世界，它们既重视物件，又关注观众视角，同时也在为包括幼儿在内的更多观众提供服务。人们会带着好奇心来到场馆，而物件能启发人们提出问题，促进交流和互动。博物馆让人们有机会看到"真实物件"，并利用这些物件"激发好奇心、探索欲和情感回应"（Paris 2002，p.xvi）。

儿童博物馆如何看待物件和藏品

儿童博物馆五花八门、包罗万象，有些场馆只提供基于游戏的互动体验，而有些场馆则主打STEM（科学、技术、工程和数学）学习。到了21世纪，几乎所有儿童博物馆都融合了儿童发展教育理论的底层核心理念——通过游戏来学习。

美国儿童博物馆协会在其会员机构中大力宣传游戏的理念，强调探索是游戏体验的重要组成部分。在描述儿童博物馆中的活动时，该协会最常用到的关键词包括"互动、动手、触摸"，这些词与游戏体验有关，对基于实物的学习也有重要意义。美国儿童博物馆协会官方网站的"关于儿童博物馆"栏目介绍了儿童博物馆对游戏理念的重视。

在一家儿童博物馆里，你会看到婴幼儿在感受一系列不同的材质，搭积木，在管道里爬行，或者在吹泡泡；你还会看到男孩女孩们登上一艘19世纪的帆船，拉起满载的渔网，参加捕鱼大赛，升降船帆或信号旗，同时了解大航海时代的故事。告别日常生活中的各种限制，在儿童博物馆里只有一条规则：请动手触摸！

从美国儿童博物馆协会的描述中我们可以看出，展品是儿童博物馆体验的一部分，但它们主要是作为道具，为孩子发挥想象力自主游戏提供支持，这一点与传统博物馆截然不同。搭积木、吹泡泡或在19世纪的帆船上互动，体现了一个以展品为主的环境，在这里，展品是用来鼓励孩子参与游戏的道具。

在儿童博物馆行业标准（ACM 2017）中，美国儿童博物馆协会从儿童探索和学习的角度明确定义了"物件"：

就儿童博物馆而言，物件主要用来激发儿童的学习兴趣，满足他们的发展需求。它们一方面反映了场馆的教育目标，另一方面也是实现这些目标的重要手段。物件的呈现方式以互动为主，结合一定的情境。物件本身不一定具备科学、历史、艺术或文化价值，它们可能是展项或者活动材料等。

这个定义很好地概括了过去50年里儿童博物馆基于游戏理念的实践过程，同时也与传统收藏型博物馆形成了鲜明对比。在儿童博物馆中，物件是展项、活动的组成部分，既可以是材料道具，也可以是真实物品。它们能够吸引儿童参与多感官体验，通过自主探索和与他人协作来学习。

对于大部分基于游戏理念的体验空间来说，道具都是非常重要的组成部分。举个例子，佛罗里达州的迈阿密儿童博物馆（Miami Children's Museum）鼓励观众登上一艘仿真重建的嘉年华游轮，体验和了解游轮业。在这艘游轮上，他们可以参加"趣味竞赛或登台表演"（Miami Children's Museum 2017），体验船员的日常工作以及船上观光客的娱乐活动，了解游轮上的生活。科罗拉多州的丹佛儿童博物馆（Children's Museum of Denver）为儿童提供了丰富多彩的体验，其中很多体验都是基于游戏的理念。儿童可以通过角色扮演体验各种职业，如兽医、牙医、消防员、超市售货员等。在"我的超市"展区，蹒跚学步的幼儿和学龄前儿童可以体验称重、测量和收银工作，还有些孩子在20世纪40年代的厨房里做饭。在这些基于游戏理念的空间里，物件是道具，它们做得很逼真，同时也更耐用，经得起孩子们的"不停地折腾"。

在这些例子中，物件作为道具用来支持游戏和学习，这与收藏型博物馆中的物件有本质区别。2017年，我对美国儿童博物馆协会执行主席劳拉·韦尔塔·米格斯[1]进行了访谈，她向我介绍了物件在儿童博物馆中的作用。她强调，物件代表的是现实世界的事物和情境，用来为儿童的游戏和探索提供支持。她指出，把日常生活中的事物等比例缩小到便于儿童游戏的尺寸，孩子便有机会体验到那些平常大人禁止他们触碰的东西。除了复制日常生活中的东西，米格斯还提到物件是学习的工具和实现目标的手段，这一点体现在儿童博物馆的创客空间和其他类型的展览上。

当谈到传统博物馆和儿童博物馆中物件的区别时，米格斯说，儿童博物馆作为基于游戏理念的空间，其物件本身的意义和内在价值的确与传统博物馆收藏和保护的物件不同。她指出，传统博物馆和儿童博物馆都关注物件的真实性，但这种真实性是传统博物馆尤为看重的。米格斯同时强调，随着儿童博物馆教育工作者在认识上的发展变化，真实物件再度受到重视，特别是在一些文化展览如"来自日本的问

1　译者注：已离任。

候!"（*Hello from Japan!*）中。当然，在反映自然环境的沉浸式展览设计中，物件的真实性同样也获得了重视。

很多儿童博物馆都在展览中尽量使用真实物件，如在夏威夷儿童探索中心（Hawaii Children's Discovery Center），真实物件在展项和活动中比比皆是。该馆理事长洛蕾塔·矢岛向我介绍过一个项目——"生活的宝藏"，其中包含了很多来自不同国家的真实物件，场馆借由它们帮助观众了解各国历史和文化。她说，他们用来自"中国、葡萄牙、日本、韩国和菲律宾"的真实物件帮助观众了解"自己的祖先——种植园工人的历史"（Yajima，questionnaire，2017）。她指出，"这些东西能够激发孩子的好奇心，帮助他们与现实世界建立联系"，并且强调孩子对真实物件的反应是非常不一样的，它们能够"改变孩子的思维方式"（Yajima，questionnaire，2017）。这为场馆体验赋予了重要的价值，也为孩子留下了深刻的记忆。

在最近的访谈中，《体味物件：改变博物馆体验》的作者之一伊丽莎白·伍德博士表示，不管是生活中常见的东西，还是值得博物馆收藏的奇珍异宝，都为人们提供了丰富的学习机会。她还进一步指出，在当今的数字时代，真实物件尤其重要，它们让人们有机会验证自己通过其他方式获得的见闻。在谈到儿童博物馆时，伍德强调了情境的重要性。她说，把物件放在相关的情境中，有助于孩子理解和学习。她认为，有时候传统博物馆里缺失的恰恰就是儿童博物馆所提供的这种情境。到了21世纪，这一点正悄然发生变化，很多传统展览也开始为观众提供与物件有关的情境以及从更多角度理解物件的机会。

如今，真实物件再度受到儿童博物馆的重视。其实，纵观历史不难发现，早期的儿童博物馆与传统博物馆类似，也曾是收藏型机构，它们只是在结合儿童独特学习方式的基础上提供了不同的体验角度。

作为世界上第一家儿童博物馆，布鲁克林儿童博物馆一直坚守着收藏的理念和对真实物件的重视。直到建馆一百多年后的今天，"布鲁克林儿童博物馆仍然是极少数拥有永久藏品的儿童博物馆之一，近3万件藏品被场馆广泛用在了活动、展览和媒体上"（布鲁克林儿童博物馆官方网站，2017）。场馆负责教育活动的副馆长彼得鲁什卡·巴赞·拉森认为，真实物件能够帮助儿童与现实世界建立联系，无论过去还是现在，真实物件使"我们的展览更加生动有趣"（Larsen, questionnaire, 2017）。场馆着重强调的动手学习、多感官学习体验也充分体现在不同的展览项目中，如"布鲁克林积木实验室"（Brooklyn Block Lab）和"我们身边的大自然"（Neighborhood Nature）都是鼓励儿童探索和参与角色扮演游戏的区域。从藏品中精心挑选出的物件为儿童观众提供了更加丰富的体验，同时也让场馆有机会践行"藏品只有在孩子手中，才能发挥更大的价值"（Calleri, email, February 2, 2017）的理念。

紧随布鲁克林儿童博物馆之后成立的波士顿儿童博物馆，也是极少数至今仍保有永久藏品的儿童博物馆之一。该馆的教育理念是通过互动和游戏来学习——这一理念最早即由20世纪60年代该馆时任馆长迈克尔·斯波克所倡导。在《波士顿往事》（Boston Stories）一书（Spock 2013）中，斯波克写道，那时场馆的领导们都在"努力掌握控制权，寻求改变，希望把这个有着50多年历史的、死气沉沉的机构变成非正式教育创新的实验平台"（ibid., p.24）。为了贯彻落实新的理念，场馆去除了原有的"请勿触摸"标志，采用"以观众为中心"的指导原则。

印第安纳波利斯儿童博物馆（Children's Museum of Indianapolis，建于1925年）也因其历史悠久的藏品而声名远播，但同时场馆也为儿童提供了自主游戏的空间和体验。我们从该馆官方网站的介绍中就可以看出场馆对物件的重视。

> 这些来自过去的物件不仅是用来观赏的，它们所承载的故事还能启发人们思考，教会人们知识，甚至改变很多人的一生。印第安纳波利斯儿童博物馆拥有超过12万件人工制品和标本，可以带给观众鲜活的体验。在80多年的悠久历史中，场馆一直致力于利用丰富的藏品激发观众的想象力，在不同世代之间建立起紧密的联系。
>
> 印第安纳波利斯儿童博物馆官方网站，2017年

全面负责该馆评估和研究工作的苏珊·福兹认为，"看见真实物件"是很有

价值的体验，把物件背后的故事融入场馆体验中是实现场馆使命的关键（Foutz，interview，2017）。"物件能启发观众交谈"（Foutz，interview，2017），它们能促进不同世代之间的交流。

在当前的展览中，美国艺术和流行文化展区有很多漫画，那些几十年来为人所熟知的漫画人物使祖孙之间找到了共同话题（图2.1）。如果漫画没能吸引孩子的注意，还有其他展品能激发孩子的兴趣，如各种玩偶、牛仔靴、《星球大战》或《蝙蝠侠》人偶以及电影周边产品。

在场馆的其他区域，很多动手体验空间也融合了永久藏品中的物件。在"音乐工作坊"中，儿童可以动手体验来自世界各地的乐器，聆听它们发出的不同声音。尽管观众体验的也是真实的乐器，但这些乐器不是场馆的藏品。在"艺术工作坊"中，包括亨特·斯隆姆在内的世界知名艺术家的绘画和雕塑作品启发"小小艺术家们"运用版画、拼贴画等方式创作自己的艺术作品。游戏是儿童最重要、最自然的学习方式，博物馆在营造场馆环境时要结合这一理念，只有这样，孩子才能在馆里

图2.1　一家人在印第安纳波利斯儿童博物馆的美国艺术和流行文化展区观看麦克斯·西蒙的漫画藏品

通过与真实物件互动更好地了解周围的世界。

尽管真实物件的价值正在受到越来越多的关注，但很多儿童博物馆没有藏品，有些是因为缺少资金、场地等资源，有些是自主选择的结果。如前所述，儿童博物馆五花八门，包罗万象。不管是否有自己的藏品，每家场馆都值得尊重，因为每家场馆都有自己的教育理念和独特的使命。

结语

尽管不同类型博物馆看待物件的方式不尽相同，但毫无疑问，物件对儿童学习能够发挥重要作用。通过仔细研读调查问卷的结果、听取访谈中的不同观点并回顾专业文献的内容，我们可以发现传统博物馆和儿童博物馆在价值观、理念和实践上的异同。

传统博物馆和儿童博物馆在关于物件的理念和实践上有以下共同点：（1）物件对儿童学习很重要；（2）物件让人们有机会分享自己的故事；（3）物件能够启发观众思考，激发好奇心和情感回应；（4）物件之所以重要，还因为它们是有形实体，可以提供独特的多感官体验，让观众有机会通过动手探索来学习。

尽管传统博物馆和儿童博物馆都认为物件很重要，但两者对物件的理解却不太一样。在传统博物馆里，收集物件是为了保护留存和开展研究，并将研究结果用于构建或完善某一领域的知识体系。同时，传统博物馆把人工制品和科学标本展示出来供公众体验，并基于它们策划展览，为观众讲故事。在儿童博物馆里，物件是儿童和家庭观众学习的工具。

传统博物馆和儿童博物馆还有另一个差异——对物件的界定。传统博物馆重视物件的真实性，在收集和保存物件的过程中遵循严格的标准，认为真实或原始的东西具有更高的价值。传统博物馆重视的是物件所承载的社会价值和背景信息。而在儿童博物馆里，每一件可以触摸的东西都可以称作"物件"，不管它本身的内在价值如何。这种差异使得传统博物馆和儿童博物馆在秉持两种相互矛盾的观点的同时，遵循完全不同的工作标准。

最后一个重要的差异是观众。传统博物馆致力于服务广泛、多元的观众，在《卓越与平等》的号召下，还在进一步拓宽观众群体；而儿童博物馆的展览和活动策划、主题以及实践都以服务儿童和家庭观众为核心。当然，两者的观众有交集，但每家场馆都基于自身的情况和理念为观众提供独一无二的体验。

本章简要回顾了博物馆中物件的发展史，如果能结合第一章中儿童认知发展理论的内容来思考，会更有帮助。另外也要注意，不管是传统博物馆还是儿童博物馆都不是一成不变的，它们总会有突破跨界、出人意料的一面。虽然传统博物馆和儿童博物馆之间有很多细微的差别值得我们去探讨，但也有很多共同点可以作为合作的基础。为了在过去成功经验的基础上开拓创新，为儿童提供更多、更好的学习机会，我们有必要开展进一步的深入研究。

第三章　纵观实物教学法的发展历程

实物能够促进学习的发生，它的物质性和真实性能吸引人们的兴趣和关注，这与文字对人的吸引力有着本质的不同。

——艾琳·胡珀–格林希尔

导言

"实物教学法"在正式和非正式的学习环境中都发挥着重要作用，这一概念在欧洲早期的教育理论家（如17世纪的摩拉维亚哲学家、教育家扬·阿姆斯·夸美纽斯，瑞士教育家和社会改革家约翰·裴斯泰洛齐，以及德国教育家、"幼儿园之父"弗里德里希·福禄培尔）的著作中就有所记载，他们所倡导的"通过实物来学习"的教育理念和相关著作彻底改变了教育。莫里斯·沃尔特·基廷格在1896年的译著《大教学论》（*The Great Didactic of Comenius*，p.150）中介绍历史背景时，描述了这些教育家所产生的影响：

夸美纽斯影响最深远的贡献是，在教育界，他第一个认识到了实物教学法的重要意义——对于思维能力尚处于发展阶段的儿童来说，实物教学法是唯一一种能在他们头脑中留下深刻印象的方法。这一发现不仅预示着裴斯泰洛齐的出现，也为日后福禄培尔的教育理念奠定了基础。

实物教学法背后的理念是：学习的发生是建立在真实体验基础上的，这些体验是通过感官来获得的。艾琳·胡珀-格林希尔在此基础上进一步强调了实物对学习发生的重要作用，并且指出，实物的物质性和真实性才是学习发生的关键，这是单纯通过文字来学习所无法比拟的。早期倡导类似理念的教育工作者认为，大自然提供了很多有意义的基于实物的学习机会，他们还据此设计了围绕自然物品开展的课程。

"实物教学法"一词或者说这个概念本身最早出现在正式教育领域关于读写教学的资料中，但也贯穿于19世纪为公众精心打造的博物馆体验的相关描述中。这个概念广泛存在于教育和学习理论中，并且一直沿用至今。

实物教学法的前世今生

在历史文献中检索"实物教学法"一词能够帮助我们更好地理解它的内涵和来源，但却不足以进行更深入的分析。"实物教学法"在古往今来各个领域的文献中都有涉及，但出现最多的还是在博物馆的相关文献中。为了深入理解这一概念及其含义和相关实践的历史变迁，我们需要看看几个近期提及实物教学的案例以及与之有关的概念。

一个最近的案例是曼彻斯特博物馆（Manchester Museum，位于英国的曼彻斯特大学内）中一个叫"实物教学"（Object Lessons）的展览，该展览让公众有机会了解艺术鉴赏家乔治·卢顿的"19世纪生命科学教具的有趣收藏"，"通过维多利亚时代的科学家的眼睛去观察自然界"（Manchester Museum 2017）。"实物教学"的展品既有1843年日本教学用的卷轴，又有混凝纸浆[1]做的花，囊括了历史上曾作为教具而如今只有美学价值的各种物品。这种古今结合的方式不仅揭示了实物教学的内涵、说明了它在博物馆领域的地位，而且借由科学家的工具彰显出它在更广泛的

---

1 译者注：混凝纸浆是一种由纸片或纸浆组成的复合材料，有时用纺织品加固，并使用胶水、淀粉等黏合剂。

教育界也占有一席之地。

弗吉尼亚大学校刊在其2014年夏季刊中聚焦于通过一系列的物件而非文字来"讲述学校的点滴历史"，其中一篇题为《实物教学》（*Object Lesson*）的文章展示了该校的很多珍藏，比如，"托马斯·杰弗逊的一缕头发……骑士队在赢得2014年大西洋海岸联盟锦标赛冠军之后剪下的一块篮球网"（UVA Magazine 2014）。这种分享历史故事的方法始于几件展品，与博物馆有关，但在博物馆以外的领域也很常见。

虽然实物教学在很多不同领域中都有涉及，但它们拥有一个共同的特点——强调实实在在的物品的重要作用。为了进一步挖掘实物教学或"基于实物的学习"的含义，我们有必要去了解与此相关的理论以及这种方法与人类的行为有着怎样的联系。为什么实物对于学习如此重要？它是如何从本质上改变学习过程的？

对这种学习过程的兴趣促使夸美纽斯开始研究吸引儿童深度学习的有效策略，同时实物教学的概念也在一些著名教育理论家的研究——如约翰·杜威对人类学习条件、吸收信息和建构知识方法的研究——中发挥了重要作用。虽然也存在许多理论秉持着不同观点，但建构主义理论所强调的感官体验、主动参与学习过程的方法与实物教学法的概念之间相互联系、呼应。

建构主义理论认为体验对于学习的发生至关重要，并且强调学习者需要主动参与学习体验。这不仅是这种模型的基本理念，也是实物教学法的核心原则。体验意味着与真实世界的互动，也意味着通过多种感官来探索。实物"看得见摸得着"的特点让学习者可以主动参与学习过程，并通过各种感官来探索。正因如此，在简要回顾实物教学法的发展历程时，我们需要了解它的概念以及相关的教育理论和实践，还需要了解具有类似价值观和特点的教育理论——进步主义教育和建构主义学习。我们很难抛开这些理论去孤立地研究和思考实物教学法。

与实物教学法有关的教育理论和实践

挑战现状：利用实物来教学

被誉为"现代教育之父"的摩拉维亚哲学家和改革家扬·阿姆斯·夸美纽斯（1592—1670）的著作是较早提及实物教学优势的文献。他不仅指出了通过自然体验来学习的价值，而且着重强调了感官体验是重要的认知手段。他对通过感官来学习的思考和兴趣挑战了传统学校里奉行的"死记硬背"，促使人们从全新的角度去思考教育。他的创新思维打破了当时普遍采用的教学方法，因为他认识到，相较于文字，基于实物的体验更能帮助儿童达到好的学习效果。这种基于实物的学习方法背后的基本理念是利用儿童日常生活中熟悉的物品，能够帮助他们更好地理解学校教育中的符号语言以及那些他们不太熟悉的物品。他希望能给文字配上图片或实物，让抽象概念生动起来，丰富读者的视觉体验。

1658年出版的夸美纽斯广受欢迎的教科书《世界图解》（*Orbis Pictus or Orbis Sensualium Pictus*）在教育界留下了不朽的印记。这本书被普遍认为是最早的儿童绘本之一，它用图画阐释了很多概念。这种方法在当时具有变革意义，它试图以图文结合的方式帮助儿童更好地学习，同时也借由这种方式凸显了实物（用图画来呈现）对学习的重要作用。夸美纽斯在他的书中加入了很多图画，比如在关于"蝉"的描述旁插入了一只蝉的图像，在不同鸟类的详细描述旁插入了它们的图画，还在讲述宗教或道德内容的地方加入了相关场景的图画。这种方式为读者真切地绘制了丰富的画面，不再是单纯靠读者自己去想象。

夸美纽斯在其生活的时代最为人称道的是他开创性的著作《世界图解》，而他的基于感官和实物的学习理论直到裴斯泰洛齐的时代才被注意到。从夸美纽斯、裴斯泰洛齐、福禄培尔到皮亚杰和布鲁纳，这一派的理论家在对学习过程的思考和研究中都呈现出了类似的观点。例如，瑞士哲学家皮亚杰在谈到感官体验是学习发生的必要条件时引用了夸美纽斯的话："人们相信科学，更多是因为人们通过各种感官体验到了科学的存在，而不是因为其他原因。"［Piaget（1967）1993，p.2］强调感官体验对学习发生的重要作用"在教育界由来已久"，而夸美纽斯的研究被认为是这一理念的开端（Hein 1998，p.143）。

实物教学法：自然教育的理念

在夸美纽斯的时代过去近一百年后，瑞士教育家约翰·裴斯泰洛齐（1746—1827）重新点燃了大家对利用实物开展教学的兴趣，并把这种方法称作"实物教学法"。裴斯泰洛齐在从事过很多职业后进入了教学领域，最终成为这种新教育方法的主要倡导者。他在三十年里开办了几所学校，其中位于伊韦尔东的寄宿学校（1805）是最后一所，也是最成功的一所。裴斯泰洛齐所倡导的教学方式摒弃了那个时代的传统教学方法，为教育界树立了变革的典范。

与夸美纽斯很像，裴斯泰洛齐也是自然教育的倡导者，他所说的"自然教育"是指让孩子通过各种感官主动探索的学习过程，"他称这种方法为'实物教学法'或直接、具体的观察"（Brosterman 1997，p.19）。他开创性的方法建立在启蒙运动（1685—1815）代表人物的哲学思想基础上。这些思想向当时的欧洲教育方法和实践提出了挑战，强调尊重儿童，并强调所有学习过程应该以儿童的个人体验为中心。裴斯泰洛齐认同"以儿童为中心"的学习理念，强调学习者的主观能动性和"通过实践来学习"的重要性，这和当时教育界的主流观念相去甚远。裴斯泰洛齐认为，儿童在最初的时候借助于感官来学习，他们通过体验、与周围环境的互动来学习和理解世界。

裴斯泰洛齐的教育实践背后有着一套精心设计的原则和技巧，他和他的门生据此在开办的学校里为学生创设了独特的学习环境。其中一个备受推崇的原则是"主动学习是孩子最自然的存在方式，他们会从简单到复杂一步步地构建知识"，这些思想为另一位瑞士教育家皮亚杰的研究奠定了基础。

裴斯泰洛齐很看重实物所具有的支持感官体验的属性，并把实物融入所有课程中。石头、贝壳、坚果和其他随处可见的东西都可以用来教授数学概念，儿童也可以通过对它们进行分类、排序、分组等活动来初步学习加减乘除和其他一些概念。实物教学法同样适用于地理和科学课程。裴斯泰洛齐同时强调教学不应依赖以图文为主的教材，而是应该多采用从自然环境中收集到的标本（Brosterman 1997）。

裴斯泰洛齐的实物教学法强调学习者主动参与学习过程，同时也重视观察和绘画的技巧。虽然绘画在裴斯泰洛齐的学校特别是他教字母的试验方法中具有重要地位，但他作为教育工作者和理论家的格言是"先实物，再文字；先具体，再抽象"（ibid.，p.22）。

幼儿园的出现：在教室中正式使用实物教学的方法

裴斯泰洛齐的教育理念为弗里德里希·福禄培尔（1782—1852）创立幼儿园（或称之为"儿童花园"）奠定了基础，而幼儿园的出现对后来教育的发展产生了深远的影响。福禄培尔曾就读于法兰克福实验学校（Frankfurt Model School），这是一所由裴斯泰洛齐的学生创办的学校。福禄培尔后来把"头、手、心"的教育方法运用到了自己的教学工作中，当然，这其中也受到了其童年经历的影响。

弗里德里希·福禄培尔在进入教育行业之前兴趣非常广泛，曾涉足多个研究领域。他早年在德国乡村的生活给了他很大启发。他的职业道路与众不同，他进入教育领域并非始于对教育的热情，而是从一段夹杂了务农、研究和参军的旅程开始的。他的兴趣和天赋包含"植物学、数学、建筑学和晶体学"（Tovey 2013，p.9），归根结底都与大自然的逻辑和秩序有关。这种热情和看待事物的方式贯穿于他创建幼儿园过程的始终。

福禄培尔一生都受到自然的指引。他对自然的欣赏和对实物教学的兴趣使他把实物看作唤醒儿童对自然界万物的意识的重要手段，宗教信仰也对他的思想产生了重要影响。他对自然的热爱源于他的乡村生活经历，而他对宗教的信仰源于作为路德宗教会牧师的父亲和同为牧师的舅舅的影响，他的舅舅从他10岁起就一直担任他的监护人（ibid.）。福禄培尔认为，自然和宗教是和谐统一的，是理解世界的基本要素。这一信念为福禄培尔幼儿园的创立奠定了基础，也使该幼儿园得以围绕自然的完美结构而设计，致力于为儿童提供主动学习的机会。

发明幼儿园是福禄培尔最著名的成就，这项成就的取得源于他早年作为一名教师教授年龄大一些的学生的经历。正是在那时，他意识到"如果教育没有覆盖到幼儿，那么教育永远不可能成为重振社会的动力"（ibid.，p.10）。这一认识促使福禄培尔努力推动幼儿教育的发展。

1837年，福禄培尔在普鲁士的巴特布兰肯堡创立了世界上第一所幼儿园，旨在促进儿童的成长。他对大自然的热爱和尊重完美地融入了他所创建的幼儿园中，这在"kindergarten"一词中也有体现——"kinder"代表人，"garten"代表自然（Weston 2000）。对福禄培尔来说，"幼儿园完美统一、灵活多变的环境有助于培养儿童内在的观察、推理、表达和创造能力"（Brosterman 1997，p.12）。

福禄培尔这一开创性的设计明显受到了裴斯泰洛齐的影响，特别是在重视实物方面。跟裴斯泰洛齐类似，福禄培尔也认为实物能为儿童提供非常好的学习机会，并基于这一基本理念开发了课程资源。他为课堂活动（"作业"）精心设计了各种材料（"恩物"），也就是实物教学的又一进化版。

《发明幼儿园》（*Inventing Kindergarten*）一书的作者诺曼·布罗斯特曼巧妙地描述了实物在福禄培尔的教育方法中的核心作用，以及运用这种方法的基本理念。

> 在福禄培尔的教育方法中，实物教学是核心，因为他认为直接体验实物有助于培养儿童的创造力，而且通过非常简单的方式就可以利用实物提供多种多样的复杂体验。通过体验真实的物品，幼儿园的孩子可以锻炼独立思考和创造性解决问题的能力。
>
> ibid.，p.34

福禄培尔认识到了实物对学习的重要作用，并通过实物教学的方法鼓励教师利用一些简单的日常生活中的物品如坚果、石头、羽毛、木棍等"启发成长，促进人与自然的和谐统一"（ibid.，p.34）。在游戏中加入实物，能够为儿童提供更多发挥创造力、想象力和问题解决能力的机会。

福禄培尔认为，儿童"只有通过自己主导的活动、对话和游戏，才能达到最好的学习效果"（Tovey 2013，p.1），为此他精心设计了两种围绕实物开展的活动——"恩物"和"作业"。这些发明通常被认为是最早的早教玩具，这些材料主要用来鼓励孩子在开放式游戏过程中探索和发现。它们最初是为幼儿园设计的，但也适合婴幼儿家庭使用。

"恩物"(序号1～9)是几组经过精心设计的物品,它们有着固定的形式,被用来吸引儿童学习数字、形式、维度和统一等基本概念。第一组"恩物"是一组柔软的、不同颜色的手工毛线球(如图3.1),它们被用以通过游戏和实验启发儿童学习和了解周围的世界。

这种完美的形式——球或者说球体——用看得见摸得着的方式诠释了稳定性和运动的概念。通过抓握、滚动、抛下、藏起和摆动这个球,儿童可以获得对物体、空间、时间、颜色、运动、引力、联合、独立和重力的直观经验和知识。

Brosterman 1997, p.42

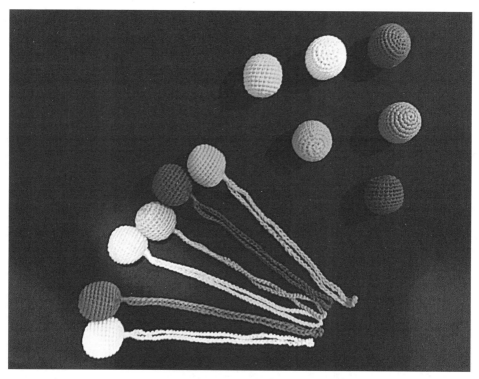

图3.1 福禄培尔的第一组"恩物":手工毛线球

积木是福禄培尔的"恩物"中最重要的代表之一。在福禄培尔的积木中，最基本的一组由三个积木组成——一个球体、一个圆柱体和一个立方体，它们由枫木或榉木经过打磨制作而成。其余的几组积木在数量和形状上各不相同，能够吸引儿童去探索和发现，并发挥想象力，创造不同的组合。福禄培尔非常重视工艺和美学，从这些"恩物"的设计上就可以看出这一点。

"作业"（序号10～20）则更加灵活多样，包含剪切、编织、折纸和捏黏土等手工活动。另外，这些活动还包括通过绘画技巧或摆放小木棍来探索线条的概念，或是用豌豆来说明二维、三维和体积的概念。每项活动只是利用一些简单的物品去努力诠释那些与自然和人工环境有关的简单的或复杂的概念，这些材料本身以及它们的使用过程均展现了自由探索和创造性表达的重要价值。

福禄培尔将"恩物"和"作业"看作激发儿童天生好奇心的玩具，用以培养他们对自然规律的洞察力。他在著作中曾写道，"这20种'恩物'和'作业'……旨在激发这种自然的冲动（好奇心），同时让孩子感觉课堂活动是有意思的游戏"（ibid., p.13）。

福禄培尔用这种基于实物的儿童早期教育理念彻底改变了教育，他非常看重通过体验真实世界特别是通过游戏来学习的重要价值以及成人引导的重要作用。福禄培尔的基本教育理念是儿童通过游戏和社会交往来学习。

进步主义教育的发展

进步主义教育运动源于夸美纽斯的研究和他最初的信念——实物特别是来自大自然的各种东西对儿童学习的发生至关重要，学校应据此开展教学活动。这种理念向当时被普遍采用的传统教学方法发起了挑战。到了18世纪下半叶至19世纪初，裴斯泰洛齐和福禄培尔加入了对这个问题的讨论中，推动教学实践的革新，这为"后来的进步主义教育的发展奠定了基础"（ibid., p.20）。

在接下来的一百年里，进步主义教育受到追捧，并逐步改变了人们对儿童认知发展的思考。进步主义教育让更多人注意到孩子是通过与环境互动来学习的，进而引发了对基于实物的学习的更广泛的讨论，并最终改变了人们对学习的认知以及之后学校里的教育方法。

杜威（1859—1952）因提出"通过实践来学习"的教育理念而举世闻名，他在推动进步主义教育发展方面发挥了重要作用。他使人们开始关注体验式学习——强调个人与周围环境的互动是学习发生的必要条件。杜威所倡导的学习方法不关注书本上抽象的概念，而是注重日常生活中的真实体验。这些体验不仅包括与真实物品的互动，还包括人与人之间的社会交往。

杜威对学校教育产生了深远的影响。在芝加哥大学实验学校（University of Chicago's Laboratory School，后来被称作"杜威学校"）时，他把他的理论与实践相结合，并于1899年通过一系列讲座同芝加哥当地的居民分享了他对未来教育的愿景。后来，随着这些讲座内容在全球范围内的传播，更多的人了解了他的教育理念。在其中一场以"学校与社会"为主题的讲座中，杜威详细介绍了他所倡导的学习者主动参与的体验式学习，这也是他所引领的教育改革的关键理念。他让人们注意到了传统教育和进步主义教育之间的差异——前者注重死记硬背，而后者则强调以儿童为中心、通过实践来学习：

> 孩子在直接接触大自然、操控真实的物品和材料以及了解它们的社会用途的过程中，可以不断锻炼自己的观察力、创造力、想象力、逻辑思维和对现实世界的认知。

Dewey 1900，p.8

杜威不相信"实物教学法对传授知识"（ibid., p.8）的价值，他认为通过实践来学习的过程才是取得最佳学习效果的必要条件。杜威强调真实体验的重要性，比如在花园里种植、剪羊毛、梳理羊毛和织布。杜威认为，只有学校与社会相结合，学习才能真正发生，学校里的学习应立足于现实世界的真实事件和过程。

在杜威之后的一百年里，他的思想一直对后来的教育领域有所启发。W. F. 沃德曾写了一篇文章分析杜威对教育改革的贡献，他在这篇文章中描述了杜威对儿童学习者的理解：

> 当儿童自发地研究自己感兴趣的问题时，他们会吸收其中的知识，并牢记这些知识，为日后所用。对他们来说，最好的学习方式不是根据预设的教材按部就班地机械记忆，而是通过实践、不断尝试和有目的地改变事物来学习。
>
> Warde 1960，p.9

作为进步主义教育的重要组成部分，杜威所强调的体验式学习和主动参与为后来建构主义学习理论的发展奠定了基础。瑞士心理学家皮亚杰在此基础上进一步拓展了建构主义学习理论，促使人们对相关教育理念展开深入思考。通过对儿童的广泛观察，皮亚杰总结了儿童的认知发展过程，他认为学习是学习者通过与周围环境互动来建构意义的过程。他相信感官对学习的发生至关重要，学习者只有通过视觉、听觉、味觉、触觉、嗅觉等所有可能的方式探索事物，才能对事物产生真正的理解。人们普遍认为，他的教育理念与夸美纽斯、裴斯泰洛齐和福禄培尔的理论一脉相承。

皮亚杰认为，知识是学习者的已有经验和当前互动的共同结果。这里的互动包括身体上的，也包括人与人之间的社会交往。学习者通过互动，借由感官获取新的信息，经过分析、整理和解读，结合过往经验在头脑中形成概念和认知（Piaget 1973）。

皮亚杰认为，实物对儿童的学习具有非常重要的作用。他坚信，儿童"必须通过探索真实的材料，才能理解某些现象是如何发生的。只有通过操控实实在在的物品，他们才能开始理解一些行为背后的原理"（Singer and Revenson 1978，p.109）。例如，儿童通过玩积木来了解一些物理属性，如大小、形状、颜色和质地。他们在操控和试验的过程中获得了知识。通过不断试错，孩子发现三角形的积木不能作为一个很高的结构的底座，而一个比较大的矩形积木就可以稳稳地支撑这样的结构。在游戏过程中，孩子可以发现积木之间的相同点和不同点，进而搭建不同的组合，对它们进行分类、排序等。孩子在与实物互动的过程中获得了知识，与实物互动是学习过程必不可少的要素。

在皮亚杰的思想里，最好的教育方式是"为儿童提供丰富的解决问题的机会，让他们能在探索的过程中主动学习"（Edwards, Gandini and Forman 2012, p.57）。这一理念为皮亚杰的研究奠定了基础，也成为众多进步主义学校所秉持的基本教育理念，其中包括20世纪40年代由洛里斯·马拉古齐（1920—1994）和当地居民在意大利瑞吉欧·艾米利亚市创立的世界著名的瑞吉欧学校（Shaffer 2015, p.75）。

瑞吉欧教育：用实物启发学习

瑞吉欧教育既体现了"通过自然界来学习"的新认识，也有"基于儿童平日兴趣和探索活动来设计课程"的理念。仔细研究瑞吉欧教育理念，我们不难看出裴斯泰洛齐、福禄培尔和杜威的思想在其中的重要影响。在受到瑞吉欧启发的教育项目中，一个共同的特点是尊重儿童天生对未知事物的求知欲和好奇心。教育工作者把儿童看作有能力的研究者，他们相信孩子可以自己努力学习和探索周围的世界；他们认为，精心设计的环境要"激发儿童内在的感知能力，让他们去研究，并在头脑中再现周围美丽而有序的自然和文化世界"（Edwards et al. 2012, p.368）。

在瑞吉欧教育人员看来，学校环境不仅是一个空间或一个学生聚集的地方，更是学习过程的重要组成部分，因此他们把它称作"第三位教师"：

> 作为"一名教师"，学习环境应该是灵活的，它必须能让孩子和教师随时调整，常换常新，满足他们的即时需求。学校里的所有东西——物品、材料、结构——都不是被动的元素，恰恰相反，它们是构成学习条件或者说是满足儿童和成人主动参与学习的行为需求的重要元素。

ibid., p.339

在瑞吉欧教育中，由教师选择的实物发挥着独特的作用。日常生活中常见的物品或自然标本作为学习环境的一部分被用于启发孩子思考、提问和求知，这种运用实物的方法常被称作"刺激"。它指的是激发儿童的思考、兴趣、讨论、创造力以及对某件（组）物品的好奇心，进而吸引他们探索和理解周围世界的一种手段。举个例子，把从树上或花园里收集到的种子摆放在教室里的桌子上，就是一种"刺激"，它能鼓励孩子们去观察，启发他们思考，开启他们之间的对话。在瑞吉欧教育的教室里，孩子们可以仔细观察、分析对比不同的标本，基于自己的探索提出问题，多方寻求专业建议，并根据所有经验得出结论。在这个例子里，种子便是启发儿童探索并最终构建知识的催化剂。

儿童通过与周围环境的互动来学习，既指他们个人与物品之间的互动，也包括发挥创造力、借助于各种材料来表达自己的想法。其实，一个专门设计的艺术工作室就可以作为实验室，儿童可以用各种材料如纸、布、黏土、石头、贝壳、种子等进行试验，并在参与多学科项目过程中表达自己的想法。在这一过程中，随着逐步深入地研究一些复杂问题，他们开始理解不同的观点。这样的工作室是一个让孩子研究、探索、发现和表达的地方。

瑞吉欧教育中提到了"儿童的一百种语言——儿童学习和表达的多种方式，比如讲故事、做实验"（Edwards et al. 2012，p.176）。在艺术工作室里进行创作也是他们表达自己想法的一种方式。该理论尊重儿童天生的学习能力和方式，包括理解问题的多个角度以及构建认知的不同途径。瑞吉欧教育中最重要的理念是，儿童与世界互动、解读世界的方式是无穷无尽的。

进步主义教育和博物馆

受到瑞吉欧教育启发的教育工作者以及过去和现在秉持进步主义教育理念的很多人都倡导通过体验来学习，这一理念在整个20世纪都受到了教育理论家和一线工作者的重视。正如著名教育历史学家劳伦斯·克雷明所说，"进步主义教育最终在美国受到了普遍认可，或许在全球都是如此"（Gardner 1991，p.194）。进步主义教育运动所倡导的建构主义学习理念，包括项目制学习，让学龄前儿童和小学生有机会与周围世界中的真实物件互动，通过更多真实体验来学习。

值得注意的是，利用实物来教学以及后来的进步主义教育运动虽然更多地针对的是学校里的学习，特别是在夸美纽斯、裴斯泰洛齐、福禄培尔的时代，但它在一百多年前就已经出现在了包括非正式学习环境（如博物馆）在内的其他教育领域。杜威的理论和实践尤其如此，它们不仅受到了学校教育工作者的认可，也赢得了博物馆领域的支持。

20世纪下半叶，伴随着认知发展研究领域的进展，进步主义教育理念仍是该领域专家们感兴趣的主题。其中，著名的发展心理学家霍华德·加德纳教授（1943— ）提出了多元智能理论，强调人类具有多种不同的认知能力和表达方式。他的理论向关于智力的传统观念发起了挑战，并指出了体验与学习之间的关系。加德纳在他的书中认可进步主义教育的价值和实践，并且把对学习的讨论从学校里的学习拓展到了博物馆学习。在探讨博物馆学习时，他谈到了"真实"的重要性，强调要真品，不要仿品。现代社会人们不费吹灰之力就能复制任何东西，使得人们更在意真实性，对仿品不屑一顾。某些时候，可能有人会说仿品和真品（或真实标本）是一样的，但人们在头脑中就是会给真品更大的权重。与其他进步主义教育家一样，加德纳也非常重视实物的价值。

对"真实性"有很多种解读，有些相对复杂，甚至复杂到超越了儿童对"真实"最原始的理解。因此，不妨从最简单的角度去和儿童谈这个问题。之后，随着儿童认知能力的进一步发展成熟，他们可以去深入探索"真实"背后的含义。

人们普遍认为，相较于典型的学校学习，博物馆体验的一个优势就是结合物件的使用场景，通过真实物件来学习。非正式学习环境如博物馆与典型的学校里的学习环境——脱离现实世界去学习抽象的概念——形成了鲜明的对比。

博物馆提供了丰富的学习机会，可以支持不同智能优势的儿童的学习。儿童博物馆里的展览以及21世纪的传统博物馆，都在努力满足儿童通过多种感官体验和运动来学习的需求。这些环境能够鼓励孩子与专业人士互动，深入探索人工制品和标本。博物馆广泛而多元的资源能帮助儿童获得加德纳所说的（对事物的）"真正理解"，他将此称为"令人向往的教育愿景"（Gardner 1991，p.199）。

加德纳的理论不仅打通了正式和非正式学习领域，还为实物教学以及博物馆对儿童的教育作用的相关讨论提供了共同的目标和通用的语言。随着进步主义教育的发展，作为教育机构的博物馆自古以来通过物件——人工制品、自然标本和艺术作品——来履行教育职能的承诺被赋予了新的含义。

借助实物的教和学

进步主义教育的发展告诉我们，体验对学习来说是必不可少的，与周围环境互动是学习过程的重要组成部分。通过各种感觉——视觉、听觉、味觉、触觉和嗅觉——体验某个实物，能够帮助学习者获取相关信息，建构关于这个实物的知识，进而获得对这个世界的理解。这种自然的学习方式——在好奇心或求知欲的驱动下学习——适用于包括正式和非正式学习环境在内的所有学习环境。

博物馆的使命是收集、研究、保护和诠释物件，它们提供了丰富的通过物件来学习的机会。这其实也是现在博物馆领域讨论的热门主题，最早可以追溯到20世纪早期社会进步主义蓬勃发展的时代，以及后续到第二次世界大战之后的几年，博物馆教育"逐步发展成为正式的职业"（Hein 2011，p.340）。进步主义教育理论不仅适用于学校教育，也适用于包括博物馆在内的非正式学习环境。

在儿童博物馆运动中，物件最初的展陈形式与传统博物馆类似，观众主要通过视觉来探索物件。直到1902年安娜·比林斯·盖洛普到布鲁克林儿童博物馆任职时，这种做法才发生了改变。在出任策展助理期间，盖洛普引入了多感官、互动式的学习体验，这种体验至今仍是儿童博物馆最重要的特点。

在进步主义教育运动期间，在博物馆里借助于物件来教学受到了一些专业人士的推崇。这种做法的倡导者之一是约翰·科顿·达纳（1856—1929），他在任图书馆馆长和博物馆馆长期间积极推动利用实物来教学的理念，利用纽瓦克博物馆

（Newark Museum）的藏品极大地丰富了该馆所在社区居民的日常生活。他把自己的工作看作博物馆实践的全新尝试，通过鼓励各博物馆分享自己的藏品并"把物件借给教师——就像图书馆把书籍和图片借给人们一样"（Peniston 1999，p.163）用于支持教育，他着重强调了博物馆服务公众和发挥教育职能的重要性。在1921年的一份报告中，他记录了自己在纽瓦克博物馆所作的尝试，其中突出强调了让儿童接触实物的重要性。

> 几个月来，场馆里越来越拥挤，只要是能找到的空间，场馆都会用来放置精心挑选的一组物件和图片，并贴上依据儿童的兴趣而特别设计的标签。这座场馆俨然已经成为一家儿童博物馆。
>
> ibid.，p.163

借助于实物来教学不仅受到了大多数博物馆教育人员的认可，也被儿童早期教育从业人员认定为有效的教学方式。然而，即便教育理论家们认识到了实物教学的重要价值，这种做法在正式教育领域也并没有被普遍接受。

结语

对实物教学的记载可以追溯到很久以前。从夸美纽斯开创性的研究到福禄培尔发明的幼儿园和其中精心设计的实物课程，基于实物的学习不仅受到了广泛的关注，而且把正式和非正式学习领域的教育工作者联结了起来。

利用实物来教学最初出现在学校教育中，后来扩展到博物馆界，经过20世纪的发展，在博物馆领域受到了广泛的认可。随着博物馆教育人员服务更多观众群体特别是儿童观众，他们的工作重心转向了如何吸引观众借助于藏品和物件进行深度学习。实物教学即让学习者通过与真实物件互动来学习，它是学校和博物馆教育发展历程中必不可少的组成部分，如今也是人们在讨论学习时会谈到的重要问题。

第四章　基于实物的学习：借助于物件来理解世界

　　基于实物的学习能让儿童和成人对某个事物有兴趣、欣赏、清晰的理解，或是收获个人技能的成长。虽然真实的见闻能带来更深的体会，但却远不及动手体验和交流互动。然而，要想达到最佳学习效果，还是要在适当的引导下不断尝试创造或复刻。

——约翰·科顿·达纳

导言

　　博物馆从业人员强调物件的力量，把它们看作信息和灵感的来源。如果没有人工制品和科学标本，历史学家和很多领域的科学家的研究都会无法充分开展。物件不仅在专业领域的研究中发挥了重要作用，也为普通学习者提供了丰富的学习机会。正如约翰·科顿·达纳所说，相较于其他方式，与实物直接互动能够帮助学习者获得更深的理解。

　　实物教学有很多种方法，第一种方法是"深入探索"，这种方法强调从多个不同的角度去理解同一个物件。为了获取更深层的信息，这种方法需要学习者仔细研究物件并保持开放的思维。第二种方法更多地关注的是物件与其他物件或环境的关系，而不是物件本身。第三种方法把物件看作一种"刺激"，用于激发学习者的好奇心。每种方法从广义上来说都适合包括儿童在内的所有学习者。如果想要尝试实物教学，这些方法会是很好的起点，博物馆教育人员和学校教师可以在此基础上思考更多地利用实物来开展教学活动的可能性。

深入探索物件

物件通过反映相关的历史背景、人物、事件和价值观，帮助我们想象和理解过去发生的事；借由物件，我们可以了解不同文化的传统和信仰、理解他人以及他们的做事方式，它们能帮助我们了解这个世界并理解它是如何运转的。尽管我们可以了解一个物件的特征或与之相关的事实——就一个人工制品而言，这些信息可能包括原产地、日期、所有权的变迁或材质、大小、形状、风格等物理特征，但同一个物件的特点和价值却可能因人而异。例如，每个人对"美"的理解都不同。每个人的探索过程决定了他能获取到的信息，每个人对同一个物件也可以有自己的解读。

"深入探索"需要学习者主动参与学习过程，通过视觉、听觉、味觉、触觉和嗅觉获取信息。这种方法特别适合儿童，因为他们本就是通过感官来学习的。通过与实物互动获取的信息可以用多种方式记录下来，具体的方式需要结合儿童的发展水平来确定。年龄大一些的学生可以通过书面形式（叙述、诗歌）表达自己的想法，详细描述自己的观察和假设；而未识字的孩子可以通过绘画、拍照和角色扮演分享自己的想法，也可以与同伴交流彼此的想法和解读。

年龄小一点的孩子经过适当引导（精心设计一些问题），可以参与分析自己的发现。而对于发展水平较高的学习者，这个学习过程可以更复杂。通过仔细观察、提炼细节、深入思考和分析收集到的数据，可以形成假设或符合一定逻辑的基础结论，学习者可以在此基础上进一步研究，这也是基于已有认知试验自己的想法和对比不同发现的必要过程。显然，对于任何"深入探索"的过程来说，有些信息可能永远不会被挖掘出来，而有些细节则可能很容易通过仔细观察来发现。总之，最终的目标是让孩子有机会探索、想象，激发他们的好奇心。

通过仔细观察来学习是博物馆领域很多研究和著作的主题。哈佛大学零点项目的专家在《让思考过程可视化》（*Making Thinking Visible*）一书中提出了一套以研究为基础的方法，这套方法强调仔细观察是研究和理解思考过程的重要途径。这套"思考方法"设计巧妙，用一系列问题来引导学习者观察和反馈的过程，使得整个学习过程既有组织，又随着不同的反馈自然地发生。这些问题为学习过程提供了框架，帮助学习者养成适用于更多学习体验的思维习惯。在零点项目的模型中，仔细观察是非常重要的第一步。

博物馆教育人员在谈到"观察"时常常会滔滔不绝，一般还会提到一部1990年出版的著作《通过实物来学习》（*Learning from Objects*）（Durbin，Morris，and Wilkinson，1990），并把这本书看作非常好的信息来源。这本书详细阐述了一种研究物件的方法，即通过提出一系列关于物件物理特征、构造、功能、设计和价值的问题来探索物件。这种方法能够引导学习者通过仔细观察来寻找判断依据，结合自己的已有认知辩证地分析数据，理解相关背景。这本书的作者们认为，观察是非常重要的学习手段，学习者在与物件互动的过程中获得新发现。儿童会逐渐明白，从一个物件的设计或构造上可以看出它的用途或功能；根据磨损痕迹如凹痕、碎屑、边缘不平整、褪色等，再结合设计风格等信息，可以判定物件出现的时代；特殊的标记或符号可以说明物件产生的时间或地点。即便是很小的孩子，也能从磨损的物理特征看出一个物件不是新的，而是旧的。

《通过实物来学习》一书印证了动手探索物件的重要性，这种方法显然与通过感官体验来收集信息是相契合的。但它同时也强调了进一步研究和讨论以验证想法并得出结论的重要性。

"通过实物来学习"的内涵非常丰富，其具体学习过程可以是非常简单的，也可以是很复杂的。第一次尝试可以简单些，主要通过视觉来获取信息；随着经验越来越丰富，探索过程可以更加复杂，运用各种技巧、通过不同的感官来获取信息，挖掘物件的深层含义。学习的过程取决于与物件互动的过程。

虽然在描述如何通过实物来学习时的具体表述或操作不尽相同，但博物馆领域普遍认可基于实物的学习的重要价值。有些方法是专门用于引导博物馆观众的，而另外一些方法则把博物馆工作人员置于研究者的角色。

美国总统詹姆斯·麦迪逊的故居蒙彼利埃（Montpelier）通过名为"总统物件侦探故事"（The Presidential Detective Story）的展览，为观众提供了一种思考物件的方法。该展览详细介绍了博物馆专业人士是如何准确判定哪些物件与这位总统的生活有关的，这个过程的核心是甄别出"真品"——博物馆久负盛名的标志性特点。蒙彼利埃作为一个博物馆，最重要的一项工作就是甄选出能够呈现麦迪逊总统生活和时代特征的展品。甄别过程分四步，首先是仔细观察和探索每个物件的风格、大小、材质、构造和制造商的标记，这是历史研究的起点。结合对这个人及其所处时代的了解——在这个例子中就是麦迪逊和他的总统身份——来分析和思考通过感官探索、获取到的信息。在寻找第一手资料时广撒网，比如，在日记、信件和遗嘱中寻找更多事实依据，并利用科学的方法以及颜料分析、布料检验、考古挖掘或建筑调查等技术工艺进一步收集数据。科学发现能够准确定位物件的出现时间或地点。最后一步是依据前面得到的信息，运用研究人员的专业知识检索大量数据库，并查阅成千上万个类似物件的相关资料。虽然整个过程展现的是博物馆专业人士的工作，但对于不熟悉这种方法的新手来说，通过深入挖掘物件来获取知识的过程本质上是一样的，唯一的不同在于研究的范围和复杂程度。

儿童有能力观察物件的物理特征，也会提出关于细节的问题。一个孩子的观察可以引发同伴之间的交流，孩子们都会表达自己的观点。例如，自然博物馆的一具恐龙骨架引发了一场关于史前动物的特征和习惯的讨论。孩子们准确地描述了这只恐龙的大小和整体形状，但在谈到它的饮食习惯时出现了分歧。一个孩子注意到了它尖尖的牙齿，因此说它是食肉恐龙。孩子们对比了几种恐龙的牙齿，有些是平的，有些是尖的，然后他们决定基于这个信息继续探索。在成人的适当引导下，孩子们可以观察、提问、分享自己的解读，开展更广泛的讨论。

有经验的博物馆教育人员可以通过专业文章和著作了解到很多种基于实物的学习方法，也能够发现它们之间的相似之处。对物件的解读很大程度上取决于与人工制品、标本或艺术品的感官互动，这为后续的分析奠定了基础，也为深入理解物件所需的进一步研究指明了方向。

通过拿一个简单的物件举例，我们就可以清楚了解深入探索的方法。第一眼看

图4.1 老式肥皂盒

到图4.1里的物件，大多数人都会觉得陌生，但仔细观察和感官探索可以为理解这个物件和它的用途奠定基础。深入探索的第一步是从最显而易见的物理特征开始的，这一步对理解一个物件必不可少，它为后续利用这些特征对比、提问和分析打下了坚实的基础（请注意：读者可以在观察图4.1的基础上列举这个物件的特点，但与实物互动显然会更有效。只看图片限制了感官互动的方式，导致很多信息的缺失）。下面这个简单的练习有助于我们了解借助于感官体验深入探索的方法。

通过观察并与这个物件互动，我们了解到：

• 这个物件10英寸（大约25厘米）长，很轻，只有几十克重。

• 这个物件是用木头和金属做成的，而且其中的金属可能不止一种。

• 它的颜色都是材质本身的颜色，金属的部分是银色、灰色和铜黄色，而木头的部分则是深浅不一的棕色。

• 这个物件可以分成两部分，一个是又长又窄的看起来像是把手的部分，另一个是长方形的铁丝盒子，可以打开或关闭，用来盛装一些东西。

- 这个物件看起来很旧，还有些磨损的痕迹。

- 铁丝盒子闻起来有一种特别的气味，带着出人意料的清新感。

- 不确定它到底是批量生产的还是手工制作的，铁丝盒子的部分看起来做工比较粗糙，但把手的部分看起来又像是标准化的工艺。

在把观察到的信息记录下来之后，将这个不熟悉的物件与其他具有类似特征的熟悉物件作比较：这个东西的设计或构造与你熟悉的其他东西有什么相似之处？我们从它的设计上能看出什么？上面提到的这个物件的设计本身就会引发我们去思考"这个铁丝盒子是装什么的"。如果是小组讨论的形式，大家都会对它的用途感到好奇，随即展开头脑风暴。有人会猜它是个泡茶器，还有人会猜它是用来在明火上烤栗子或其他食物的工具，各种想法五花八门。这种讨论过程常见于年龄大一些、更有经验的观众之间，而孩子更多地是基于一个物件的物理特征来猜想，他们可能说它是一根魔杖、一把不同寻常的铲子或勺子。尽管学龄前儿童的想法与多数成人的想法不一样，但他们的联想通常是与个人经历有关的，从本质上说有着非常直接的联系。可以让孩子简单解释一下自己的想法：说说你为什么这么想。孩子们的联想往往出乎意料。

不管对多大年纪的观众来说，肥皂味都是重要的线索，说明这个物件是用来清洁或洗涤的。可以用几个简单的问题来引导孩子去思考这个气味代表什么：你闻一下它，看看有什么发现？这个味道像不像你闻过的什么味道？你觉得这个味道能说明什么？仔细分析并讨论会让孩子们的猜想更贴近事实，帮助他们排除那些不合逻辑的想法。有时对比分析的过程可能会得出一些假设，需要通过进一步研究去验证。

利用观察到的线索，结合已有知识在网络上进行搜索，可以找到一张大萧条时期的图片，图中的物件与我们观察的这个物件在细节上几乎完全相同。对这张图片的描述也与我们之前的想法和结论相吻合。

在20世纪30年代的大萧条时期，这种肥皂盒是用来确保肥皂在当时那样的特殊时期不被浪费掉的。人们可以把肥皂以及用剩下的小块肥皂放在这个工具里，使用的时候就拿着它在水槽、水盆或浴缸里晃动，不用的时候把它挂起来，肥皂就晾干了。

Texoma Vintage，www.etsy.com

这些信息汇聚在一起，能够加深学习者对这个物件的理解。有意思的是，如果能与亲身经历过大萧条时期的年长的邻居或亲戚聊一聊，学习者对这个物件会有更全面的了解。它对现在的年轻人来说很陌生，但对大多数经历过20世纪30年代的人来说却很熟悉。如果由经历过那个时代的人来讲述关于它的故事，会在很大程度上丰富这个学习过程。如果这个人还能给整组学习者演示如何使用这个物件，学习者对它的理解就又加深了一层。通过这种方式，学习者深入探索的过程就包含了约翰·科顿·达纳和他的追随者们所倡导的"基于实物的学习"活动。

包括这个老式肥皂盒在内的很多物件可能更适合10岁以上的孩子，因为他们已经开始学习历史了。但其实只要方法得当，也可以找到适合年龄更小的孩子的方式。只需要重点强调"不浪费"的概念，并且把这一概念与孩子的生活联系起来，提醒孩子很多东西都很珍贵，不应该被浪费。在结束关于这个物件的讨论时，可以用一句话作为总结：它是很久以前用于把小块肥皂收集起来、避免浪费的工具。

面向儿童观众时，博物馆要选择新颖有趣的物件，而且要与孩子的生活以及已有认知联系起来。举个例子，加拿大多伦多的贝塔鞋博物馆（Bata Shoe Museum）拥有多种不同寻常的鞋子，如印度的圣人等穿的夹趾鞋。这种鞋有着简单的鞋底和一个木制的小圆柱，不太容易辨认，但只要利用开放式问题稍作引导，儿童很快就能发现它与自己熟悉的凉鞋之间的相似之处。虽然一开始看起来不熟悉，但他们可以把这种鞋和自己的日常生活联系起来。如果想要设计动手体验，可以给孩子一只现在的凉鞋或人字拖，让他们与这个物件作对比。在博物馆体验之后，也可以引导儿童进一步研究以了解更多相关知识。

当我们为深入探索选择到合适的物件时，就更有可能吸引儿童通过物件来学习。通过开放式的探究获得发现的过程是非常令人兴奋的，也有助于促进儿童的语言、逻辑、社会交往等多方面的发展，同时还能帮助儿童了解世界各地不同历史时期的人和事。

以物件为切入点

物件具有强大的力量，它们能吸引儿童深入思考一些概念。要想利用好这一点，一定要注意物件和其他人工制品、自然标本或艺术作品的内在联系。一个经过精心挑选的简单物件便能帮助儿童理解一些不太常见的东西，而且还能让他们借由感官体验获得更深的理解。比如，一组布料——蕾丝、天鹅绒、丝绸、粗麻布、薄纱——可以改变儿童观察和解读肖像或其他画作的方式。经验丰富的画家能够准确地抓住蕾丝领和天鹅绒背心在外观上的特点，但儿童对这些材料的日常经验可能比较有限。触摸实物的机会——或者在这个例子中的感受相同材料的不同质地——不仅改变了儿童的观察角度，还为讨论不同布料、贫富以及社会经济水平提供了契机。儿童在仔细体验一块蕾丝时，既能看到它的细节和工艺，也能与画家在画作中的呈现方式作对比。而天鹅绒和缎子等奢华的面料与粗麻布或棉布形成了鲜明的对比，儿童是能够感受到这种差异的。哪种布料会让你的皮肤感觉更舒服呢？如果是做衣服，大多数人会喜欢柔软光滑的面料还是粗糙的布料呢？你为什么会这么认为？在这个例子中，孩子开始知道：有些布料比其他布料贵，只有少数家庭才能买得起昂贵布料做的衣服，好的布料与画中人物的财富之间存在直接联系。触摸体验不仅加深了儿童的理解，而且改变了他们观察肖像或其他画作的视角。尽管这个概念本身很复杂，却能以这种简单的方式呈现出来。有些艺术博物馆的教育人员认识到了感官体验的重要价值，于是把这种方法运用在了很多面向儿童的活动中。

我们对事物的更多理解很多时候来自触摸体验，但物件也可以作为切入点，引入触觉以外的其他视角。例如，儿童在发现芭蕾舞鞋与自己穿的鞋子不同（鞋头是坚硬平整的）时通常会感到惊讶，但他们很快就会把这一新发现融入自己对芭蕾舞相关画作——如伦敦考陶德画廊陈列的埃德加·德加的《舞台上的两位舞者》——的热烈讨论中。学龄前儿童会把芭蕾舞鞋的构造与芭蕾舞演员立起脚尖跳舞联系起来。相较于直接体验真实的物件，仅仅用语言去描述芭蕾舞鞋前端坚硬的特点对一个孩子来说意义不大。

有时，一个物件看起来太简单了，以致博物馆教育人员错失了为儿童观众创造深刻体验的机会。一个梅森罐[1]看起来太过平凡普通了，似乎不值得围绕它策划一个体验。但令人惊讶的是，正是这个不起眼的东西抓住了孩子们的注意力，让他们在一场关于战时菜园的讨论中专注思考，开启对大萧条时期相关展览的学习。几个简单的问题就可以开启对话，让孩子有机会参与到体验中、表达自己的想法：这个东西是什么？你会在哪里见到这个东西？它可能是怎么用的？这样的对话开启了人与人之间的交流和互动，同时也可以作为切入点，引出展览中要呈现的重要概念。梅森罐在某个特定历史时期象征着节俭，当时自家种的水果和蔬菜都必须用这种罐子储存起来，它可以用来鼓励孩子观察博物馆里呈现的那个时期的其他物件和环境。美国的历史博物馆里充满了关于20世纪初人们生活的展览，用梅森罐来开启这些展览的学习之旅会是很好的方式。史密森学会旗下的美国国家历史博物馆的展览"高墙之内"（Within These Walls）展示了第二次世界大战期间的各种东西，如食谱、配给券，这些东西背后的故事很容易拓展到"战时菜园"的概念。虽然这些展览里不一定包含梅森罐，但一个简单的梅森罐作为一个看得见摸得着的物件，会为了解展览的主题提供一个有意义的切入点。

物件能够在儿童与展品、艺术品之间搭建起桥梁。儿童在观看以历史或文化故事为主题的展览时常常遇到完全陌生的事物，但用一个简单、熟悉的物件就可以把儿童与这些内容以看得见摸得着的方式联系起来。在中国北京的故宫博物院（也被称作"紫禁城"），陈列着精美的古钟，它们与现代的钟表完全不同。如果能借助于一个传统造型的小铃铛来建立联系，儿童很容易看出它与这些古钟的关系。这个铃铛为了解这些展品提供了完美的切入点。在幼儿园的教室里向孩子们介绍一个陌

---

1 译者注：梅森罐是一种宽口玻璃瓶，可以用来作为储存食物的密封容器。

生的东西或概念时，这种方法也非常有效。

"以物件为切入点"的方法不仅适合儿童，也适合其他博物馆观众；不管在教室还是展厅里，这种方法都能有效激发学习者对艺术、科学、历史、文化相关事物的兴趣和解读。它在博物馆原有的视觉体验基础上增加了触觉体验，促进观众更全面地思考物件以及它们之间的关系。不管是常见的物品如豆荚，还是珍贵的标本如闪闪发光的晶洞，都可以在物件与艺术、藏品或图文所呈现的更广泛的主题之间建立起有意思、有意义的联系。如果使用得当，这种方法会非常强大而有效。

用物件"刺激"儿童思考

"刺激"一词有很多种含义。在我们所说的这种方法中，它指的是"激发（兴趣）、启发（好奇心）的东西"（Merriam-Webster Dictionary 2016）。这个词有时会带有负面含义，但在这种方法中，它的意思是正面、积极的，指的是利用一个物件或事件去鼓励儿童思考或者拓宽儿童的思考范围。

如今在早期教育领域，这种方法用得很多，特别是在受瑞吉欧教育启发的项目中。在正式教育环境中，"刺激"通常是在教室或户外空间找到的一些物品，这些东西被用作课程学习的一部分，鼓励孩子探索某个特定的概念。不同国家甚至不同学校对"刺激"的解读都不尽相同，但它们有一个共同的目标，即鼓励孩子思考和表达自己的想法。

作为"刺激"的物件可以是日常生活中常见的物品如茶壶、松果，也可以是博物馆里的珍贵藏品、标本或艺术品。不管这个物件是什么，核心思想就是利用它启发学习者的求知欲。除此之外，还要引导儿童去想象它本来是什么东西或者可以作为什么东西。儿童看着一尊古老的宝座，想象着坐在这个宝座上的国王。如果我是国王，会是什么感觉？我会怎样度过自己的一天？准备一个小盒子或一把椅子，假装是国王的宝座，请孩子们一个个坐上去体会当国王的感觉。你会怎样坐在上面？

你会穿着什么？摆放宝座的房间里还会有什么？在儿童尝试理解世界的过程中，运用想象力是一种符合他们心智特点的学习方式。这是一种与生俱来的学习方法，为儿童进一步通过游戏来学习——儿童最自然的学习方式——奠定了基础。游戏是儿童发展的基石，为儿童的探索和发现提供了丰富的机会。游戏的过程始于孩子的好奇心和求知欲。

在儿童的生活中，游戏源于想象。当我们仔细思考"想象"的定义——"一种对当下没有感知到的事物或从未出现在现实世界中的事物赋予精神层面形象的行为或能力"（ibid.）——时，就能明白想象和游戏的关系了。作为对"刺激"的响应，头脑中的形象会让儿童进行身体活动，因为他们需要把自己的想法演绎出来。当一个孩子看到一条桦树皮做的独木舟（"刺激"物）时，他会想象在森林中沿着河流划船的情景。这个想法会让他的身体自然地做些动作，就像在水中划船一样。

游戏能帮助儿童在自己感官体验的基础上对周围的世界进行解读，并把自己的想法表达出来，从而获得"社交、认知等重要能力的发展，养成积极向上的心态，为未来健康幸福的生活奠定基础"（Perry，Hogan，and Marlin 2000，p.11）。游戏与想象密不可分。

博物馆提供了丰富的学习环境，能够激发儿童的想象力，启发他们游戏。不仅植物园、艺术博物馆是这样，历史和文化类博物馆也是如此。几个简单的例子就能帮助我们了解物件如何能够启发儿童想象。史密森学会旗下的美国国立印第安人博物馆（National Museum of the American Indian）陈列着丰富的文化展品，其中很多展品都能吸引儿童的兴趣。欧塞奇摇篮板（1890年）是一个独特的展品，它能够激发儿童思考。一位母亲将孩子放在自己的背上，用一块平板固定，这个故事足以点燃儿童的兴趣。这块印第安人的摇篮板设计精美，上面点缀着精致的图案、珠子和铃铛，彰显出一位母亲对自己孩子的爱。几乎每个看到这件展品的孩子都会想要假装自己是这位母亲，想玩起过家家，尝试使用这块摇篮板。有些孩子还会想要扮演被布包裹着的婴儿，想象那会是什么感觉。这件物件可以作为"刺激"物，激发儿童想象各种关于它的故事，开启讲故事活动。

另外一个例子来自贝塔鞋博物馆，这座博物馆里陈列着各种各样的鞋子，每双

图4.2　印度舞鞋，海得拉巴，c. 1790—1820
图源：贝塔鞋博物馆藏品（版权信息：©2017 Bata Shoe Museum, Toronto.）

鞋背后都有一个故事（图4.2）。这些鞋子为激发儿童的想象力提供了无限可能。其中一双是寺庙舞者穿着的漂亮的藏红花鞋，这双鞋上绣着精美的图案，饰有玉珠和小铃铛。舞者跳舞时，这些小铃铛会发出声响。穿着这双鞋子会是什么感觉？你能想象穿着这双鞋的舞者穿的是什么样的衣服吗？这个舞者会怎样跳舞？当她跳舞时你会听到什么声音？这双鞋是"刺激"物，启发儿童思考，吸引他们深入探索展品。这些问题自然会让儿童动起来，参与富有想象力的游戏。理想情况下，所选的这双鞋子是与课堂学习的某个领域或学生的某个兴趣点有关的。比如学生在学习跳舞，了解世界各地不同类型的舞蹈，那么可以在去博物馆之前给学生看一些舞蹈演员和服饰的照片，为场馆体验做好铺垫，帮助学生更好地学习。当然，看见真实的物品能让儿童对它产生更独特、更有意义的理解。

　　用物件来启发孩子的重点不是物件的历史背景或文化内涵，而是启发孩子对未知事物展开想象。美国国家美术馆（National Gallery of Art）陈列的德加的著名画作《老歌剧院的舞者》（*At the Old Opera House*）可以作为一个"刺激"物，启发儿童去想象在美丽的歌剧院舞台上表演是什么感觉：如果你是一名舞者，你会穿什么样的衣服？你会如何为演出做好准备？剧院里还会有谁？演出结束后会发生什么？除了对话之外，如果要吸引儿童参与游戏，可以提供一些适合古典芭蕾舞剧的服装和音乐，也可以播放一段古典芭蕾舞剧，激发儿童对在舞台上表演的想象。请孩子们戴上头饰、围巾和简单的道具，为他们的小伙伴表演。注意要聊一聊观众的角色，另外准备一些纸花，在表演结束谢幕时撒出来。很多时候，这种游戏主要是想象一个场景的细节、伴随的感情以及之前之后发生了什么。这就是理解和感受艺术的过程！

有时，这个"刺激"可能与其他东西无关，只是儿童展开想象的起点。作为"刺激"物，芭蕾舞鞋能鼓励儿童想象并讲述关于这位舞蹈演员的故事：想象一下，穿上这双鞋，你会感觉如何？当你跳舞时，听到了什么音乐？孩子们会有不同的想象，并据此创作他们自己的故事。

一个有意思的物件能够激发儿童的想象力。举个例子，史密森学会旗下的赫希洪博物馆和雕塑园（Hirshhorn Museum and Sculpture Garden）里有一座琼·米罗的雕塑——月之鸟（Lunar Bird），这是一只独一无二的鸟。当孩子们仔细观察这只鸟时，他们可以以此为起点想象更多鸟，不管是真实的还是虚构的。什么使鸟类成为鸟类？如果你可以创造一种新的鸟类，它会是怎样的？你的鸟与众不同的地方是什么？米罗的雕塑能让孩子们发挥想象力和创造力，鼓励他们游戏。另外也可以鼓励儿童用泥塑或者创意拼贴画的形式把自己想象出来的鸟呈现出来。

通过在学习过程中加入前所未有的元素，作为"刺激"的物件为学习体验增添了新的维度。日常生活中的各种物品——户外收集到的种子、有趣的照片或木匠的尺子——都能提供非常丰富的机会，激发儿童的好奇心，提升他们的参与度。

结语

从过去到现在，博物馆一直非常重视物件，它们主要通过展出人工制品、标本等为公众提供教育和休闲服务。尽管对物件的理解和诠释在过去三十年里发生了改变，但它们仍然是博物馆实现自身使命的重要媒介，同时也在一定程度上决定了博物馆在社区中能够发挥怎样的作用。正如对物件的看法会不断发展变化一样，吸引观众去探索前人留下的这些珍宝的方法和策略也会发生改变。

　　由于家长、政界和媒体界都对博物馆表现出愈发浓厚的兴趣，21世纪的博物馆教育人员为儿童提供了越来越多的接触物件的机会。通过同行的著作或者包括这本书在内的其他资源了解大量基于物件的学习方法，有助于博物馆教育人员更好地为儿童策划教育活动。

第二部分

从理论到实践：
儿童与物件

第五章　学会观察物件，开启探索之旅

在我看来，最能启发人心的莫过于一个人自主探索的过程。

——乔治·华盛顿

仔细观察，探索发现

探索式学习在教育界的很多小圈子里都受到了高度重视，特别是在早期教育领域。探索式学习强调学习者发挥主观能动性去建构意义，这样的学习过程符合目前公认的儿童的学习方式。探索式学习让学习者有时间探索，有机会通过仔细研究物件来获得更多信息或验证已知信息。大部分教育工作者认为，这种以儿童为中心的学习方式让儿童有机会主动参与学习过程，是很有价值的教育手段。

主动学习特别是开放式的学习过程意味着儿童有机会自主探索，这与建构主义学习理论所倡导的理念"学习体验要以儿童为中心，要让儿童参与到学习体验中"是一致的。在建构主义学习理论的框架中，知识是由学习者自己创建的，是因人而异的。因此，通过探索获取的知识不是毫无个人见解地简单满足外部对学习结果的期望，而是体现了学习者个人对探索体验的理解。

乔治·海因（1998）曾把探索式学习称作"一种特别的教育理论"（p.25），它强调学习者要与周围环境互动，主动参与"学习过程，这个过程可以是搭建某个东西、解决一个谜题、研究各种物件或是通过其他方式与世界互动"（ibid.，p.31）。正是这个过程让学习者有机会通过探索在发现的基础上进行反思、调整已有认知，并在不同的信息来源基础上发现或获取存在于外部世界的知识。这套理论背后的理念是学习者通过与周围世界互动来发现客观事实，并基于个人的经验来理解世界。海因强调，"探索式学习是指学习者主动参与学习过程的教育方式"（ibid., p.31）。

探索式学习起源于启蒙运动以儿童为中心的教育理念，随后在杜威、维果茨基和皮亚杰的理论中得到了更加充分的阐述。这种学习方式在20世纪60年代随着布鲁纳的研究得到了进一步发展，至今在教育界仍被认为是非常重要的学习方式。布鲁纳在他的《教学理论探讨》（*Toward a Theory of Instruction*）一书中谈到，探索的过程不仅能够锻炼儿童的能力，"还能帮助他们建立自主做事的信心"（Bruner 1966, p.96）。他还把"头脑中的发现"看作当下的学习与已有认知相互关联的结果，同时认为这也是建构主义理论的核心思想。布鲁纳的研究最著名的一点是把儿童看作有能力的学习者，认为人们应该相信并"尊重他们的思考能力、提出好问题的能力以及作出有意思、有依据的猜想的能力"（ibid., p.96）。他的著作为教育工作者在博物馆和学校里践行探索式学习的教育理念提供了理论依据。

作为一种教学设计模型，探索式学习能够鼓励学习者深入探索，深度参与学习过程。而这些特点正是科学思维的必备技能，是科学领域的专家们所大力倡导的。《促进科学思维的发展》（*Promoting the Development of Scientific Thinking*）一文的作者露丝·威尔逊博士曾说，"儿童天生就有好奇心，对学习充满了热情"，在求知的过程中，他们"会随着年龄的增长自然地通过戳、拉、尝、敲、摇等动作"（2002，p.1）去尝试探索和发现。威尔逊认为，对儿童来说，科学学习重要的不是内容，而是调查研究和解决问题的过程和行为。她把这些行为称作"科学研究"（sciencing），即主动学习的过程。

皮亚杰学派的学者埃莉诺·达克沃斯也强调学习的过程比内容更重要，她认为提问是学习过程的重要组成部分，教师需要通过提出开放式问题启发学生思考，同时也需要对学生提出的问题给予回应。像威尔逊一样，达克沃斯（2006）也强调主动参与是学习的关键，她认为科学和其他认知方式都应被称作"拥有了绝妙的想法"，并且能基于这些想法行动（p.1）。她认为，相较于跟随他人的指导，自主探索能让儿童学到更多东西，即便他们在刚开始尝试时得出的结论并不正确。她同时指出，在儿童熟悉、感兴趣的内容领域，他们更可能产生好的想法。举个例子，4岁的乔西对自家后院的小鸟非常感兴趣，针对这些鸟的筑巢和饮食习惯提出了很多问题。附近的一家出售鸟舍和喂食器的商店再次点燃了她的兴趣，让她产生了一个好主意。她想要知道，是否所有的鸟舍或喂食器都是一样的，有没有哪种是对小鸟更有吸引力的或是更适合小鸟的。她想看看，到底哪种鸟舍或喂食器最适合自家后院的小鸟。过了几天，她收集到三个鸟舍，一个是她在妈妈的帮助下自己制作的，另一个是她在那家商店买来的，还有一个是她在自家车库里发现的。在后院安装这几个鸟舍和喂食器时，乔西兴奋地在一旁认真观看。在接下来的几周里，乔西每天早上都会去观察和记录，了解小鸟和它们的习惯。乔西在自己的兴趣和好奇心的基础上产生了"绝妙的想法"！用达克沃斯的话说，"好的想法不是凭空得来的"，而是在其他好的想法的基础上产生的。学习的目标是探索和发现未知，让儿童在求知的过程中有机会发挥自己的创造力。

博物馆里的探索式学习

从20世纪初学校团体去博物馆参观，到现而今的博物馆教育活动，探索作为一种学习方法在博物馆的相关文献中也有着详实的记载。20世纪60年代，探索式学习发展成为一种学习方法，并在哈佛大学学者杰罗姆·布鲁纳的理论的推动下出现在一些博物馆里。在美国西海岸，随着弗兰克·奥本海默在旧金山探索馆的展区中开创性地推行探索式学习，这种学习方法得到了蓬勃发展。同一时期，在东海岸的波士顿儿童博物馆，时任馆长迈克尔·斯波克和他的团队也在尝试一些新的教育理念，让人们更加关注探索式学习和"触摸的乐趣"（Madden and Paisley-Jones 1987，p.2）。到了20世纪60年代末和70年代，奥本海默和斯波克的努力在博物馆界掀起了新一波对主动学习和参与体验的兴趣，因此传统博物馆里开始出现以前很少见到的探索空间。随着探索空间和动手小车的开放，观众不仅有更多机会通过感官来体验人工制品和标本，而且能通过视觉体验——传统意义上最典型的博物馆体验——以外的多种方式来学习。博物馆负责馆藏的工作人员希望那些专门设计的探索空间的动手体验能够激发观众对其他区域展览的兴趣。在随后的四十年里，探索式学习作为一种吸引学习者深度学习的方法受到了广泛关注。

到了21世纪，博物馆仍然被看作是激发好奇心的地方。在博物馆里，探索是观众体验的重要组成部分。很多博物馆都设计了专门的空间或展览，让观众有机会动手体验物件。随着新空间的出现，"探索"一词也越来越多地出现在这些空间的名字里，彰显出它们所提供的学习体验的共同点——主动参与、动手探索。很多类型的博物馆都提供探索学习体验，包括自然博物馆、科学中心和儿童博物馆，当然也延伸到了其他类型的机构中。史密森学会旗下的国立自然博物馆邀请家庭观众在探索空间（Q'rius[1]和Q'rius Jr.）内通过多种方式体验人工制品和标本。克利夫兰自然历史博物馆（Cleveland Museum of Natural History）在其探索中心内大力宣传动手学习的乐趣，该探索中心专门提供跨世代的探索学习体验。位于纽约的美国自然历史博物馆（American Museum of Natural History）曾宣称，他们的探索空间"利用互动体验激发观众对博物馆内其他展品的兴趣，让观众有机会观察、探索这些展品背后的科学原理"（American Museum of Natural History 2015）。

如前所述，探索式学习并非自然博物馆和科技馆的专利，它还出现在了艺术博物馆里。像很多其他艺术博物馆一样，怀俄明州卡斯珀市的尼可雷森艺术博物馆和探索中心（Nicolaysen Art Museum and Discovery Center）以视觉艺术为主，同时也提供了专门的空间，让观众有机会体验场馆中的艺术品或通过艺术创作进行创造性的表达和探索。毋庸置疑，探索式学习如今已经成为很多博物馆的学习体验的重要特征。

虽然内容可能因机构而异，但以探索式学习为主的博物馆活动通常都有一些共同的特点：观众可以动手参与多种感官体验，并且可以自由选择人工制品或自然标本，自主体验；他们也可以基于自己的兴趣去决定如何度过在馆时间。

在探索空间，物件发挥的是"刺激"的作用，也就是激发观众的好奇心。博物

---

1 译者注：拉丁语，意为"好奇"。

馆教育人员或其他工作人员为观众的学习提供支持和引导，他们会通过提问的方式引导观众深入探索。而展品周围张贴的提示信息则适合那些希望得到更明确指示的观众。尽管有些空间是专门为特定观众——通常是儿童——设计的，但大多数探索空间都吸引了包括各年龄段儿童的家庭和成人散客在内的更广泛的观众群体。总之，在各种类型的博物馆中，我们都可以看到通过探索来学习的机会。探索式学习能够激发观众的好奇心。

关于好奇心

长久以来，人们一直对人类的好奇心充满兴趣，并试图给它一个定义。很多早期的哲学家都发表过对好奇心的看法。亚里士多德把"好奇心"定义为"发自内心的对信息的渴望"，而西塞罗把"好奇心"看作"与生俱来的对学习和知识的热爱……而且是在没有任何利益的驱动下"（Loewenstein 1994，p.76）。威廉·詹姆斯（1899）在谈到"好奇心"时曾写道，"在更高阶的智能形式中，对于更全面地了解相关知识的渴望就有了科学或哲学层面的好奇心……儿童对遇到的每一个新东西都充满了好奇"（pp.45-46）。

著名心理学家罗文斯坦曾阐释过"好奇心"的概念，他认为突兀、不协调、不合时宜、出乎意料的事物会让人产生一窥究竟的欲望，这种求知欲是被事物的"复杂性、新颖性和不符合预期的特点"（Jirout and Klahr 2012）激发的。这一描述与皮亚杰的"同化和顺应"理论一致，也符合他所强调的"人是通过与环境的互动来构建对世界的认知的"理念。"皮亚杰认为好奇心是同化过程的一部分，是认知不对等导致的"（ibid.，p.6），儿童天生就有好奇心，会对新的、出乎意料的、与自己已有认知不同的事物或经验产生好奇，他们会基于新的信息调整自己头脑中的相关认知。吉鲁特和克拉尔认为，好奇心是"理解事物"的起点，可以界定为"环境不确定性超出预期的阈值，会导致探索行为的发生"（ibid.，p.5）。

儿童与生俱来的好奇心会促使他们去探索和发现，这个过程对学习来说至关重要。研究人员把这种自然的行为与神经科学里的"愉悦"和"游戏"联系在一起,认为"帮助儿童健康发展,最重要的是让他们有机会跟随自己天生的好奇心去探索"(Perry,Hogan,and Marlin 2000,p.9)。专家们描述了一个循环往复的过程,这个过程从很多不同形式的游戏开始,随着游戏的复杂程度逐步升高,它给儿童带来了愉悦之感。重复游戏的过程能帮助儿童熟练掌握相关的技能,并在获得成就感的基础上给他们带来持续的愉悦。在掌握技能之后,儿童会对游戏过程产生轻松自如的感觉,这使得他们更有可能"去探索、发现、掌握和学习"(ibid.,p.9)。这个循环往复的过程始于儿童的好奇心。

好奇心"不可否认是儿童认知发展的一个重要方面"(Jirout and Klahr 2012,p.125)。有意思的是,专家们把这种行为看作儿童准备好上学的标志(Kagan,Moore,and Bredekamp 1995),并且认为儿童拥有好奇心可能比会数数或背诵字母表更能预示着他们将来在学业上的成功(Jirout and Klahr 2012)。值得注意的是,人们对如何定义或衡量好奇心还没有达成共识,但好奇心仍然是人们在促进儿童成长的过程中要特别重视培养的特质。

除了研究好奇心的专家学者,幼儿教育工作者也普遍认为好奇心对学习至关重要,这一观点已经被教育界的很多机构和个人广泛接受。美国国家幼儿教育协会(National Association for the Education of Young Children)也在描述最佳幼儿教育实践的标准时提到了好奇心,"儿童可以通过各种各样的机会建立起对自己能力的信任和对学习的积极态度,比如坚持、投入、好奇和掌握"(NAEYC Criteria 2.B.04)。

在探索和游戏的过程中,儿童会展现出非常强的观察能力,他们能注意到很多其他人注意不到的细节。他们对周围的事物感到好奇,每个孩子都会对这些事物构建出自己独特的理解。他们不像成人,没有一些先入为主的观念影响他们的观察。当看到云朵时,孩子可能看到了一只小兔子或一个巨人,而其他人可能完全注意不到这些。吃午餐时,孩子看着吃剩下的半个三明治,可能把它想象成一只老鼠、一顶帽子或是其他任何东西。对儿童来说,观察伴随着想象,他们会打开思维,把看到的东西与自己过去的经验联系起来。因为想要了解更多信息或填补现有空白而展开的探索，能够促进儿童的认知发展和成长。大部分儿童教育工作者都把探索行为归因于儿童的好奇心。

截至目前，对好奇心的研究还不太全面，特别是对于如何界定和测量好奇心还没有定论。我们有必要在现有研究基础上更加深入地理解"好奇"这种行为以及它对学习的影响。我们从现有文献中很容易看出，好奇心是可以被影响或培养的，这一点值得教育工作者和家长们关注。

滋养儿童的好奇心

古老的智慧和严谨的研究不谋而合，它们都表明运用一些简单的方法就可以激发儿童天生的好奇心，促使他们去探索。身边的成人如何看待儿童的好奇心和探索欲？是努力促进还是干预制止？这会直接影响儿童的好奇心。

作出示范是一种鼓励儿童的好奇心的简单方法。如果成人能仔细观察身边的物品，注意细节，并在此基础上提出问题，在有所发现时表达喜悦之情，就是在向身边的孩子示范好奇心。在示范时，成人不管是语言还是姿态，都要表现出发自内心的好奇。不仅如此，成人还要为孩子营造一个敢于表达自己的想法、敢于提问、不怕说错的环境。

前面提到了一个孩子对家里后院邮筒里找到的鸟巢感到好奇，家长选择鼓励孩子求知欲的例子。就这个例子而言，家长可以给孩子示范好奇心，通过提问的方式开启与孩子的对话，引导孩子思考并主动参与到对话中：很奇怪，邮筒里居然有个鸟巢！你觉得为什么这只鸟会选择在咱家的邮筒里筑巢呢？当看到这个鸟巢时，你注意到了什么？你觉得这只鸟是从哪收集到筑巢的材料的？我们在这个鸟巢里看到了2颗鸟蛋，那么你觉得这个鸟巢最多能装多少颗鸟蛋呢？我想知道搭建这个鸟巢的小鸟到底长什么样？这些问题不需要预先想好，家长也不要针对某一方面不停地问，而是要根据孩子的观察和表达来提问。一些简单的开放式问题能引导孩子仔细观察、深入思考，这样对话就可以自然地进行下去。正如维果茨基所说的，所有学习都是在社会交往的过程中实现的。儿童通过社交互动来学习，而且很快就能模仿其他人的行为。如果家长和老师能示范好奇心，孩子就更有可能从容地探索自己的兴趣，了解未知。

研究发现，探究或者说提问与儿童的好奇心有着紧密的联系（Lind 1998；Martens 1999；Wilson 2002）。在遇到感兴趣的事物特别是一些陌生的、未知的事物时，儿童自然会提问，同时也会表现出与好奇心有关的其他行为。他们仔细观察，借由不同的感官去探索事物的方方面面，并通过寻找新事物与已有认知之间的联系来尝试理解。虽然提出问题的通常是孩子，但教育工作者和家长也可以运用提问的方法引导儿童探究。这种方法适用于很多场景，当儿童在游戏和探索过程中努力解决问题或寻找更多信息时，成人就可以通过提问的方式启发和引导他们。

科学界特别强调探究和提问，认为这是吸引儿童进行科学思考的重要方法，并且普遍认同提问的过程是一种不可或缺的支持儿童学习的方式。某些类型的问题也被称作"产出性问题"，这些问题能鼓励儿童在现有思考基础上去观察更多信息，考虑其他可能性，以开放的心态面对更多选择（Martens 1999）。相较于其他类型的问题，能够启发儿童独立思考的问题更受人们的推崇，特别是那些能"拓展学生思考"的问题（ibid., p.25）。最理想的情况是让儿童成为运用智慧去探索的学习者，自己努力尝试解决问题、构建知识。好奇心是探索和学习的原动力。

在儿童早期发展理论和研究的基础上开发出来的用于评估早期学习活动质量的工具，也强调了好奇心和激发好奇心的方法的重要性。例如，课堂评估系统（Classroom Assessment Scoring System）为教育工作者提供了一个统一的衡量标准，用于分析学习的质量。在分析学习过程时，它重点关注的因素包括反馈质量、启发儿童发展高阶思维和问题解决能力的提问技巧、分类、对比和语言发展。不管在学校还是博物馆环境中，儿童作为学习者的天性是不变的。成人如果能运用适当的方法引导儿童主动学习、试验自己的想法、去探索和发现，便能为儿童天生的好奇心提供很好的支持。

环境是滋养儿童的好奇心的另一个重要因素，它既包含物理环境，也包含社交环境。为了更好地支持儿童学习，环境需要包含几个重要因素：（1）支持动手探索的各种材料；（2）由儿童自主安排时间；（3）鼓励提问、试验和构建自己的理解、不被他人评判的社交氛围（Wilson 2002）。这个环境需要鼓励探索和试验，相信儿童有能力构建自己的理解。对孩子来说，学习是"主动参与的事业"（Lind 1998，p.3）。

为儿童的好奇心提供支持，还需要为儿童提供足够的探索机会，特别是游戏的机会。儿童是否有足够的机会去游戏，通过与周围环境的互动去构建自己对世界的理解？佩里、霍根和马林（2000）的研究为思考游戏的价值以及游戏与好奇心的关系提供了一个独特的角度，"好奇心是很多灵长类动物的神经生物学特征，这些动物会在好奇心的驱使下进行探索性游戏。儿童探索周围环境时，游戏能够满足他们的好奇心、增加他们的经验。让儿童探索，他们才能有所发现"（ibid., p.9）。

除了学术界开展的研究，很多专业组织也在倡导关注儿童，同时也对包括好奇心在内的儿童成长所涉及的各方面内容展现出兴趣。在这些组织中，最权威、最受认可的是美国国家幼儿教育协会，但也有其他值得信赖的组织为幼儿教育领域贡献高水平的专业知识。例如，美国0~3岁幼儿教育协会（Zero to Three）在这方面贡献显著，"它曾把儿童早期发展的研究成果转化成实用的资源和工具，供家长和教育人员使用，同时也为决策者制定相关政策提供了参考依据"（该组织官网）。在分享培养好奇心的技巧的同时，该组织还强调，倾听儿童的声音并支持他们探索个人兴趣是培养好奇心的基础。另外，一些博客也为家长和教师提供了实用的点子。有一个帖子建议，专门为探究设计一个小袋子，里面装上能够支持儿童在好奇心的基础上探索的各种工具——放大镜、彩色铅笔、带夹子的写字板、纸、颜料板、颜料片，以及与活动相关的其他简单材料。这些精心挑选的物品能够丰富儿童的体验。举个例子，当孩子在路上发现自己感兴趣的东西比如橡子、松果、野花、木棍时，他们就可以用这些工具去深入探索（Post by Kate Gribble, Childhood 101）。

儿童通过观察和与他人互动来学习。如果有人在仔细观察一朵花，大声赞叹它鲜艳的色彩、波纹状的花瓣或甜美的香味，孩子会注意到这些行为。如果有人能鼓励孩子与环境互动、提问或对自己看到的事物给出反应，孩子会更有可能模仿这些行为。他们的好奇心也会增强，更愿意去了解周围的世界。

好奇心与物件

研究发现，好奇心是激发儿童求知欲的重要因素，而儿童对周围环境的探索往往是因为出于好奇心而想要寻找更多信息。家长和教育工作者在观察孩子之后得出了相似的结论——儿童的好奇心是与生俱来的，他们会在好奇心的驱使下主动探索，寻找更多信息。

虽然好奇心被认为是儿童与生俱来的，但根据前文提到的一些研究，专家们相信：如果成人能在与儿童互动时示范好奇心并对孩子的好奇心给予适当的反馈，便能滋养好奇心。当儿童出于好奇心而探索自己感兴趣的东西时，他们主要靠视觉来分辨事物之间的异同，从而理解事物。在这个过程中，他们往往会密切关注细节，分辨不同的事物，以便更好地理解周围的世界。

除了示范好奇心，还有一些活动可以鼓励儿童仔细观察，跟随好奇心探索令自己感兴趣的东西，如摄影和绘画。这两种活动为儿童学习提供了非常丰富的机会。

摄影：聚焦物件

摄影是一种常见的艺术形式，但却很少与儿童联系在一起。让学龄前儿童参与摄影艺术，有助于培养学习所需的各方面技能，其中最重要的就是观察能力。当儿童主动参与到摄影活动中时，他们有机会锻炼多种技能，比如，关注细节、对比不同事物并发现它们之间的关系、提升视觉素养、扩大词汇量、更好地表达自己所看到和感兴趣的东西。近年来，越来越多的教育工作者、艺术家和家长都认识到了摄影对儿童学习的促进作用，并积极支持把摄影作为儿童的适龄活动来开展。

摄影的一个最基本的前提条件是学会观察，这对儿童来说是一项重要能力。在摄影中，"看见不仅指摄影师观察面前事物的能力，还包含他想象拍摄对象在最终的照片中会如何呈现的能力"（Krages 2005，p.1）。这涉及照片的构图，或者称作"视觉元素的排列，也就是如何使所有元素和谐地组成一个整体"（ibid.，p.2）。这需要平衡光、线条、形状和空间等艺术元素，以创造画面的美感。这可能是一项复杂的技能，不能期望新手马上具备。但这种能力其实是从仔细观察、注意细节和不同事物之间的关系开始的，而这些恰恰也是儿童认知发展和成长的重要组成部分。

对婴幼儿来说，学习观察通常指的是锻炼专注力和理解看到的事物。儿童接收视觉信息，与已知信息进行比较，结合自己的已有认知来理解新事物。借助于他人的支持和互动，儿童学会关注事物的细节，如一根羽毛的形状、颜色或图案。当儿童与周围环境中的事物互动时，教育工作者可以鼓励他们仔细观察，也可以通过提出开放式问题引导他们观察：你会用哪些词汇描述这根羽毛呢？我们一起来看看这两根羽毛，它们有什么相同和不同的地方？你觉得呢？随着这类学习经验的积累，儿童会更善于观察细节，也会更积极主动地参与观察的过程。

如今，摄影越来越被看作是适合所有年龄段的活动，包括儿童。有很多网站和博客为家长和教育工作者向学龄前儿童介绍摄影艺术提供了指导。经验丰富的摄影师能够创造出构图精妙、内涵独特的作品，学龄前儿童和这样的摄影师在技能方面当然没有可比性，但他们也能捕捉到一些精彩的画面，同时也能理解照片是关于某个事物的，背后有一个故事。如果成人能在儿童具备一些基本技能后为他们提供自主探索的机会以及适当的引导，儿童就能成功参与摄影活动。

到了21世纪，儿童很容易接触和使用相机，不管是通过手机、平板电脑还是专门为孩子定制的相机。随着科技的进步，无需昂贵、易碎的设备，我们就可以获得高质量的照片，而且在作出最终选择之前也可以免费、轻松地看到拍照效果，这些都是科技发展给我们带来的好处。

儿童对相机的"魔力"特别感兴趣，往往在按下快门的一瞬间，他们就迫不及待地要求看照片。只要给他们机会，他们也会非常愿意成为摄影师，自己操作相机。儿童天然对摄影过程的好奇能让他们积极主动地参与摄影活动。

摄影：从理论到实践

在向儿童介绍摄影的概念时，可以选择一组他们熟悉的物品或地方的照片，让他们看看这些照片，说说自己看到了什么。大多数孩子都知道图画和照片之间的差别，可以用一些简单的问题为后续的摄影活动作些准备：说说你从这些照片中看到了什么？你觉得这些照片是怎么做出来的？要制作这些照片，你觉得需要什么？照片和图画有什么不一样？它们又有哪些相同之处？儿童会结合自己的已有认知凭直觉去理解、去思考，他们往往能通过摄影表达非常复杂的想法，远远超出成人的预期。

在介绍摄影的概念之后，可以和儿童一起就相机展开简单的讨论，接下来要给他们演示如何拍照。对于这些小摄影师来说，最重要的是要学习构图的概念——你通过相机镜头看到的就是你的照片所捕捉到的画面。有些摄影师强调要聚焦，也就是说照片里的"主体"要尽量填满画面，减少不必要的干扰（Dickson 2015）。

在本地的工艺品商店很容易找到一些价格低廉的简易纸板相框，它们很适合用来练习构图（对孩子的小手来说，7寸照片比较合适）。向儿童示范构图的过程：把纸板相框放在一个有意思的物品前面，通过相框去看这个物品。像拍照时那样假装去按快门或点击屏幕，根据用相框构图的过程说说拍出来的照片会是什么样，然后把相框发给孩子们，让他们自己在教室、展厅或户外尝试构图。这种练习对成人来说可能简单得不值一提，但对儿童来说却非常实用，也很有意义。给孩子一些时间，让他们谈谈自己假装拍摄的照片。

在练习构图之后，让儿童用真实的相机去拍摄一些有趣的物品，这种体验有时也被称作"探索之旅"。如果能在拍照之前给儿童一个主题，这项活动的效果会更好。去户外大自然中拍照会非常有意思，可以选择"鸟"或"树叶"等主题，这样孩子在拍照时会更聚焦。不过教室或博物馆展厅里也有很多有趣的东西，如鞋子、杯子、椅子或篮子，室内环境也包含了无数的可能性。确定主题能使儿童更专注，他们可以目标更明确地去寻找要拍摄的东西。

接下来要做的是与孩子们一起观看并讨论这些照片，找个屏幕或显示器来展示它们。教师负责引导讨论，这样儿童就能学习如何观察和评论自己和朋友拍的照片：这张照片是关于什么的？它足够聚焦吗？它有趣吗？你觉得怎么能让它变得更好呢？如果老师能提出适当的问题，鼓励儿童独立思考，儿童是可以成为明辨照片质量的"鉴赏家"的。

亚特兰大学龄前儿童通过摄影锻炼专注力的案例

作为"PNC[1]茁壮成长计划"的一部分，来自海氏艺术博物馆（High Museum of Art）的艺术家老师来到了亚特兰大的11个幼儿园教室。这些教室里的孩子都来自当地社会经济地位较低的家庭，而这些艺术家老师不仅会鼓励孩子们在活动中使用相机，也会教幼儿园教师如何把摄影融入日常活动中。经过一个学期的指导，幼儿园的孩子和教师都习惯了使用相机（一部佳能D20，因其功能简单、结实耐用而被选中），并开始用它记录他们的友谊、课堂上发生的事、对他们来说特别重要的物品，以及他们每天看到的大自然。

据该计划儿童早期项目的负责人克里斯汀·巴克利说，在一个有趣的案例中，有一个班的孩子对树木特别感兴趣，他们开启了一段自然研究之旅。幼儿园教师和艺术家老师让孩子们带着相机在学校的操场上玩寻宝游戏，这项练习能够帮助儿童了解如何仔细观察事物，从而改变儿童与自然世界的互动方式。在这个活动中，孩子们不再是单纯地寻找树皮、橡子、松果、树叶、树干和树枝，而是发挥自己的创意，以新的方式与这些材料互动。比如用树叶作画，把作品拍摄下来，或是拍摄一个朋友在摩擦树皮的照片，表达友谊和认可。这些孩子把照片打印出来，给每张照片起好名字，然后装订成册，做成一本关于各种树的书（图5.1-5.3）。孩子们让自己的艺术创作成为一本实用手册，这个案例表明：摄影为幼儿园的孩子和教师提供了非常丰富的机会，他们可以通过这种方式记录下全年发生的事，不断反思，为日后的活动提供参考。

---

1 译者注：PNC金融服务集团是一家总部位于美国匹兹堡的银行控股和金融服务集团，其名称源于集团前身Pittsburgh National Corporation和Provident National Corporation两家公司的缩写。

图5.1　自然：堆叠的叶子
图源：学龄前儿童，PNC茁壮成长
计划/亚特兰大联盟剧院

图5.2　自然：我看到一个鸟巢
图源：学龄前儿童，PNC茁壮成长
计划/亚特兰大联盟剧院

图5.3　自然：一只虫子住在这儿
图源：学龄前儿童，PNC茁壮成长
计划/亚特兰大联盟剧院

好奇心是这项活动的原动力。儿童对拍摄照片非常好奇，他们不仅对拍摄的过程感兴趣，最终的成果也能让他们兴奋不已。在这个过程中，他们锻炼了关注细节的能力，学会了从不同的角度看世界，同时也拓展了其他方面的能力和兴趣。如果拍摄出自己喜欢的照片，他们会非常珍惜，有些照片也成了他们的收藏爱好的第一步。

教育工作者和家长在初次运用这种方法时，一定要注意：像其他成功的方法一样，最重要的是以儿童为中心。另外还要记住的是，儿童非常喜欢重复，他们愿意一遍又一遍地重复一些动作，因为不断地练习对他们成功掌握和熟练运用这些技能至关重要。作为新手摄影师，无论在家里、博物馆，还是幼儿园，他们都需要时间去锻炼各方面技能。熟能生巧是恒久不变的要义！

与孩子一起画画：培养关注细节的能力

绘画通常被认为是一种视觉艺术形式，会随着时间和实践不断发展变化。绘画对所有年龄段的人都有吸引力，但往往特别能抓住儿童的注意力，尤其是当他们模仿成人的行为时，或是尝试使用铅笔、钢笔、记号笔和其他书写工具时。

特别小的孩子在绘画时更多关注的是纸上神奇地出现了各种印记，但让成人觉得懊恼的是，表面看起来孩子并没有在画某个特定的东西。蹒跚学步的孩子对重现某个现实中的物品并不感兴趣，他们享受的是绘画和做标记的过程。正是绘画的行为本身点燃了儿童的兴趣，让他们想要继续投入地画下去。

随着儿童认知能力和精细动作的发展，他们的手变得更灵活，能够更好地控制书写工具，绘画就从单纯注重过程转变为关注画的内容代表了什么。对于不同的孩子来说，什么时候开始想要画某个特定的事物，时间点是不尽相同的。有的孩子早一些，有的孩子可能晚一些（这些孩子只关注绘画过程的状态会持续得更久一些）。最重要的是要知道，这个变化的年龄是没有统一标准的。

儿童的绘画源于他们的想象、过去的记忆以及与当时当下的联系。作为一种艺术形式，绘画能够激发儿童的创造力，帮助他们表达自我。随着儿童的成长，他们的绘画能力和对各种事物的兴趣逐步增强。他们开始学会在自己的绘画作品中加入更多细节，比如给自己画的剑龙加上尾部的尖刺和背部的骨质板，或是给自己画的人物加上手指和脚趾。绘画既可以是开放式的、异想天开的，也可以把重点放在重现周围环境中的某个事物上，这两种绘画方式各有优点。当儿童的精细动作达到一定水平，手指比较灵活，并表现出对在纸上表达想法的兴趣时，就可以在展厅或课堂上引入绘画这种学习方式了。

绘画：一种随着儿童的成长而不断发展变化的体验

绘画在儿童的不同发展阶段有着不同的表现形式，最开始是乱涂乱画，或者称作运动感知阶段（通常发生在出生后15个月左右的时候），这个阶段主要是随意地涂画，动作是这个阶段最显著的特征。接下来是有象征意义的绘画，在这个阶段，儿童在绘画时目的更明确，他们会从圆形和线条开始，而且会更关注每个符号的象征意义。这个阶段一般发生在孩子3～4岁时（Di Leo 1980）。儿童想要画现实世界的欲望是自然而然发生的，这个时间点因人而异。

在博物馆界，有很多活动会鼓励观众画一些东西，具体的形式可能稍有差别。一些是要完成一幅相对完整的作品，而另外一些可能只是要一个简单的速写，也就是一个初步的草稿，只要抓住事物的主要特征就可以。不管是哪种形式，位于华盛顿特区的美国国家美术馆和很多其他博物馆都认为，这类绘画体验非常有价值。"绘画鼓励我们——无论老少，无论能力如何——放慢脚步，仔细观察，与艺术作品建立联系。它让我们多花些时间从不同的角度去观察和体验艺术作品"（National Gallery of Art website 2017）。

作为一种技能或技巧，绘画需要仔细观察、注意细节，特别是当绘画的目的是呈现眼前的东西时。培养儿童的观察能力能帮助他们更好地适应跨领域、跨学科的学习模式，对学习科学尤为重要。通过一些简单的步骤，教育工作者不仅能让儿童参与适合他们年龄段的活动——绘画，还能培养儿童观察和注意细节的能力。

在教室或展厅里都可以开展绘画活动，如果能让儿童自主选择绘画的主题，他们会更感兴趣。比如下文提到的杯子主题，每个孩子都可以自己选择一个杯子。在另外一些活动中，儿童可以有更广泛的选择：在户外花园里找一个你觉得有意思的东西。看看艺术展厅里的各种篮子，选择一个你想画的。看看水族馆里的生物，选一个最有趣的把它画出来。通过加大绘画课程或活动的深度和广度，孩子们便可以跟随自己的好奇心去深入探索自己感兴趣的东西。

适合儿童的绘画活动

想象这样一组杯子，每个杯子的大小、形状、图案和颜色都不同。可以从这组杯子开始，引导儿童学习如何观察物品。让儿童仔细观察这组杯子，然后提出开放式问题，开启对话：当你看到它们时，你注意到了什么？孩子们会根据他们自己的观察给出回应，有些孩子会比其他孩子注意到更多细节。这个过程能鼓励儿童之间相互学习，关注那些自己原本没有注意到的细节。

在活动初始阶段为儿童的观察提供适当的引导也很重要。每个儿童要从这组杯子里选择一个，最终完成画杯子的任务。让儿童注意杯子的细节，引导他们仔细观察。可以用一些简单的问题启发他们思考，鼓励他们仔细观察：你认为所有杯子都一样吗？想想你的杯子的形状。你看它的线条是直的还是弯的？你的杯子有把手吗？如果有的话，它的把手是什么形状的？你的杯子上有什么设计或图画吗？如果有的话，你觉得哪些细节让它与众不同？关于你的杯子的颜色，你注意到了什么？鼓励儿童仔细观察自己杯子的各个部分——先是杯子的顶部，接着是杯底，最后是杯身。提醒儿童每个杯子都是不一样的，他们的画中要有细节。

此时，孩子们应该已经准备好画杯子并想好加入哪些细节了。当儿童快画完时，让他们再看看自己的杯子，看看有没有注意到之前忽略掉的细节。最后一步是让儿童展示自己的画和物品，给大家讲讲自己的画。

这项活动的延伸侧重于让儿童发挥想象力。准备好不同尺寸、形状、风格的杯子卡片作为活动背景，请孩子们画出并剪出自己设计的杯子形状。鼓励儿童给自己的杯子加点设计或图案，然后把彩色铅笔或油画棒给他们，让他们完成自己的艺术创作。

绘画为儿童参与提供了很多种可能。无论在博物馆还是学校，绘画都是一项重要的活动。正如盖蒂博物馆（Getty Museum）的博客上所写的："不管是通过绘画表达自己、探索艺术作品中丰富的图案或细节，还是留下与某个物品或景象相关的记忆，绘画的过程都能锻炼双手、眼睛和心灵，同时也能让你放松！"（Zaluski 2017）

结语

不管在家里、学校，还是博物馆，探索式学习都非常适合儿童。它是一种主动的学习方式，为儿童提供了很多独特的、符合他们学习方式的学习机会。这种探索精神源于他们旺盛的好奇心。这个世界对孩子来说是新奇的、令人兴奋的，他们自然会感到好奇。研究不仅表明儿童天生就有好奇心，而且证实了这种好奇心对早期学习的重要作用以及它与探索之间的关系。专家还建议，我们应该在孩子出生后的几年里努力培养他们的好奇心。

无论是非正式的博物馆环境，还是更正式的学校环境，最重要的是依据当前的研究结果来策划博物馆和课堂活动。如果教育工作者能多了解其他人的成功案例，视野就会愈发开阔，发现更多吸引儿童深度学习的机会。摄影和绘画是两个很好的例子，它们是非常适合儿童的体验，能够鼓励儿童仔细观察，为他们未来的学习奠定基础。在这两种体验中，儿童不仅能主动参与到学习过程中，还能在享受乐趣的同时自主选择并发展关键技能。

第六章 好奇心与收藏：儿童的视角

> 我认为，在孩子降生时，如果他的妈妈要祈求上苍赐给他一件最有用的礼物，那无疑就是好奇心了。

——埃莉诺·罗斯福

儿童与收集行为

天生的探索欲和收集欲

儿童天生就对周围的世界感到好奇，这种好奇心从他们很小的时候就有了。正如埃莉诺·罗斯福所说，好奇心是每个孩子应得的礼物。这种与生俱来的好奇心或者说求知欲，会促使儿童与周围的世界互动，通过各种感官去探索。研究证实，"即使是很小的孩子，也是主动的学习者，他们积极推动自己的认知发展"（National Research Council 2000，pp.79–80）并"依靠意志、智谋和努力促进自己的学习"（ibid.，p.83）。源于好奇心的学习之旅从那时起就开始了。

对儿童来说，每个物件在第一次接触时都是新鲜事物，这个世界以及周围的所有事物对他们来说都是未知的。即便儿童从一出生就拥有好奇心和求知欲，但他们仍需通过一些接触的机会找到线索来了解这是什么、那是什么，以及它们是干什么用的。不管是妈妈桌子底下掉落的纽扣、厨房地板上面摆放的小猫的水碗，还是咖啡桌上的杯垫，所有的事物如果不能结合情境去理解，对孩子来说都几乎没有意义。那些在成人眼中平淡无奇的事物，在儿童看来却充满魅力。

对于在咖啡桌上偶然发现的杯垫，儿童会仔细观察，运用各种感官去探索。通过认真观察、倾听它可能发出的声音，孩子知道了这个杯垫的物理特征，然后通过触觉、味觉和嗅觉了解到了更多关于它的信息。根据以往的经验，儿童可能会用杯垫拍打桌子，听这个声音听得入迷。在了解杯垫的过程中，他可能会把几个杯垫摞起来，将它们摆成一排，拿着它们在房间里四处转悠。杯垫会被放到开放的空间中，有时还会被收起来，或是再度被想起、用来尝试其他用途。直到看到家里有人反复把杯子放在杯垫上，孩子才开始结合情境去理解它的用途。一个简单的杯垫在孩子的探索过程中可以是很多东西。

对物件的兴趣可能与儿童天生的好奇心和求知欲有关，但其他因素也可能发挥了作用。亮红色的罐子吸引了孩子的注意力，比房间里的其他东西更抓眼球。一面反光的镜子甚至是椅子腿上带着金属光泽的脚轮，都会吸引孩子的目光。如果开着窗，屋内植物的叶子在微风的吹拂下摇曳着，一定会吸引婴幼儿的兴趣。儿童是否展开探索，可能只取决于他能否接触到这个东西。鲜艳的色彩、闪亮的表面、运动的事物甚至声音，都更能吸引注意力和好奇心。儿童很快会发现，周围处处是宝藏。

早期的收藏形式

随着儿童运动能力的发展，他们会勇于尝试进入新的环境，此时他们仍然保持着天生的好奇心和对各种事物的兴趣。无论在室内还是户外，他们都会去仔细研究一些随手可得的东西，把它们塞进自己的口袋里，有时根本不会考虑这些东西的实际用途或内在价值。一些儿童会把口袋里的东西彻底忘掉，而另外一些儿童会把它们收藏起来，日后还会再深入探索。这就是收藏的萌芽阶段，这个行为最初更偏重过程，而不是物品本身。终有一天，儿童会开始根据自己的兴趣有意识地收集某些东西。这些早期的收藏行为有时不太明显，也没有受到关注，有时会体现在游戏的探索过程中。

儿童会以多种不同的方式与物件互动，具体方式取决于他们所处的发展阶段。蹒跚学步的孩子在游戏中会用各种积木把箱子装满，再把所有积木倒出来，只为了再把箱子装满。在这个阶段，儿童对物品的选择并没有实质意义，把容器填满、清空和再次填满才是他们活动的重点。这种类型的游戏从广义上可以看作儿童早期"收藏"的一种形式，更准确地说，主要是"收集"。

随着儿童的成长，物件在他们的收集和游戏中变得越来越重要，也越来越具体。例如，儿童在不同的盒子或容器里装满一些具有共同特征的东西。比如，第一个装了积木，第二个装了弹珠，第三个装了衣夹。在玩想象游戏时，儿童可能假装每个容器里有不同类型的糖果，或是只专注于匹配形状类似的物品。从儿童"设定目标、制订计划并作出调整"以及运用策略"收集和重组各种材料"（National Research Council 2000，p.80）的过程中，我们能够看出，儿童会自己主动尝试去理解和学习。这些行为表明儿童的学习过程是经过思考的、有目的的。

这个关于"收集和分类"的例子说明，儿童会通过对比周围事物的物理特征、关注它们之间的异同来尝试理解世界。当儿童对积木、弹珠和衣夹进行整理和分类时，他们会把通过感官体验获得的知识应用到游戏中。这类活动在幼儿园的课堂里很常见，在日常生活中也会自然发生。

收藏的灵感源于个人兴趣

任何物件都有可能激发儿童的兴趣，并最终成为儿童收集的对象。不同的孩子会被不同的物件所吸引，他们的选择会反映出每个人逐渐形成的个性和喜好。杜威曾强调儿童兴趣的重要性，并提出这些兴趣"代表了他们的潜能"（Dewey 1897，p.80）。但儿童的这些潜能和兴趣是如何发展出来的呢？是什么点燃了儿童的热情，让他们想要去收集某些物件呢？3岁的杰森特别喜欢动物，这与他小时候每周去社区动物园有关吗？马可对消防车非常着迷，这与他在家附近经常能见到救援队的车辆有关吗？玛戈喜欢收集虫子，这与他父亲是一位昆虫学家有关吗？尽管激发兴趣的一瞬间或某次体验未被关注到，但这些内心的种子很可能就在日常生活中被悄然种下了，其中一些远远超出了偶然的好奇，在未来的某个时候可能会发挥非常重要的作用。

儿童可能因为在周围的环境中看到某个物件而开始收集，如海滩上的贝壳或公

园里的石块。家里的一些收藏品，如厨
房壁橱中摆放的古董厨具，或是在家庭
旅行途中或从博物馆商店买回的一组明
信片，都可能点燃儿童的兴趣（图6.1）。
孩子会通过绘本和视频了解到一些物件
和体验，其中一些东西会在孩子的游戏
中逐渐受到关注，最终发展成为他们收
集的对象。杜威认为，体验对儿童的成
长至关重要，也是个人建构知识的原动
力，这一观点能够帮助我们理解为什么
儿童会收集东西。

图6.1　蹒跚学步的孩子对一组明信片感到好奇
图源：此照片由艾莉森·威廉姆斯拍摄

当儿童的兴趣开始影响他与世界的
互动方式、促使他表现出不同的选择和
喜好时，收集就有了新的意义。对一些
"小收藏家"来说，在沙滩上走一走就意味着有机会收集贝壳或五颜六色的海玻璃；
而另一些孩子可能会四处寻找各种猫，包括某品牌玩具猫和陶瓷猫。一个学龄前儿
童专注于寻找石头，每次出门都会收集一些石头，但往往很快就对自己收集回来的
石头失去了兴趣。然而，这似乎并不影响他日后出门时继续寻找石头，收集过程本
身似乎是他做这件事的主要动力。

对一些儿童来说，与他们热爱的东西有关的任何物件都可以成为收藏的对象。
然而，另外还有一些孩子在选择物件时会有更严格的标准。随着个人兴趣的逐步形
成，儿童会开始寻找与自己兴趣有关的物件，最终，代表个人兴趣的物件会广泛出
现在孩子的游戏、语言发展和社会交往中。例如，威斯利经常谈论火车、玩火车玩
具，连睡前故事也选择《火车快跑》（*Freight Train*）（Donald Crews 1978），还利用
一切机会在附近找寻火车以及火车的声音。对他来说，火车原本只是单纯的兴趣，
现在可以称作真正热爱的东西了！

收集的灵感或基础源于个人的经历，儿童会通过社会交往逐渐了解自家积累的

各种宝物。和家人一起参观博物馆、动物园、自然中心或其他文化机构能激发儿童的兴趣，也是这个道理。我们往往很难搞清楚到底是什么激发了孩子的兴趣，但他们在日常活动中的好奇心却是显而易见的。

收集华盛顿国民棒球队的相关纪念品

亨利特别喜欢收集与华盛顿国民棒球队有关的一切，这个爱好是在他3岁之前发展起来的。他家拥有观看该球队比赛的季卡，是该球队的狂热球迷，亨利也是。经常去赛场让亨利有机会收集门票、宣传册、活动信息、照片，当然还有一些特殊赠品，比如该球队的摇头娃娃。亨利对棒球的热爱体现在了他所收集的纪念品中，但他收集的棒球卡已经不再局限于他心爱的球队，还扩展到了棒球联盟中的其他球队。由于他对棒球的热爱，这些收藏品有了特别的意义，而且他还会为这项爱好感到自豪，因为他的爸爸也是从很小的时候就开始收藏棒球卡了。

展示收藏品

在儿童生活的环境中，无论家里还是学校，都充满了各种各样的物件，包括那些专门为游戏设计的东西，比如，不同类型的积木、木偶、娃娃、卡车、书和拼图。一眼望去，一个孩子的游戏空间可能与其他孩子的差不多，至少对有幸拥有这种家庭或学校的孩子来说，情况是这样的。仔细观察这些空间和其中的东西，我们可以透过儿童收集的特定物品找出他们的兴趣。

一个有序的游戏空间与博物馆按照主题分区域陈列藏品的方式有很多共通之处，特别是在幼儿园的环境中：积木按照不同类型分别放在开放式的容器中，绘本放在书架上，过家家的小道具（如碗盘或服饰）放在篮子里。科学区域拥有很多自然材料，如树叶、树枝、岩石、树皮，所有材料都来自户外环境。每组藏品都是按照某个共同的主题来组织的，或者包含了带有类似特征的一些物件。

如果家长和教师能尊重儿童的兴趣，那么营造出的环境就可以反映出孩子们的兴趣。无论对一个孩子还是对幼儿园一个班的孩子来说，都是如此。当你走进亨利的房间，无疑会发现他喜爱国民棒球队。摩根对大自然的兴趣也体现在他随手收集的石头、贝壳、木棍和树叶中。我们从艾玛的幼儿园教室里不难看出他对鸟类的喜爱，那里摆满了各种鸟巢、羽毛和不同鸟类的画。从这几个例子中，我们很容易看出儿童的兴趣所在。

物件的收集、储存和展示有很多种方式。老式雪茄盒是过去某个时代的物品，如今已被适合存放珍贵物件的塑料容器或漂亮的纸盒所取代。一些学龄前儿童会把收集到的小东西藏起来，而另一些孩子会把他们的藏品展示出来给大家看。斯蒂芬的小恐龙整齐地排列在卧室的架子上，而马克把收集到的瓶盖都放到一个小盒子里。孩子收集什么以及如何展示收集到的物件，都会因人而异。

正式学习环境（课堂）中的收藏

收集、收藏的概念并非只适合家庭等非正式学习环境，它同样也适用于幼儿园、学前班和小学低年级课堂等更正式的学习环境，包括史密森早教中心和俄勒冈州波特兰儿童博物馆奥珀尔学校（Opal School at the Portland Children's Museum）在内的博物馆学校更是以此为核心开展教育活动。教育工作者利用物件和藏品来吸引孩子，把抽象的概念具象化。

作为一所利用博物馆资源开展教育活动的实验学校，史密森早教中心长久以来一直把收藏的理念融入课堂学习体验中。这所幼儿园的孩子经常会基于自己的收藏在教室中策划、组织和创设展览，他们的藏品种类繁多，从雪球到昆虫，真是五花八门！这些儿童了解收藏的相关知识，知道博物馆是存放藏品的地方，也理解有些藏品会在展览中被展示出来。收藏的概念对他们的生活是有意义的，他们也明白收藏是博物馆工作的基础。史密森早教中心招收的主要是3~4岁的孩子，这些儿童根据课程要求相互协作、收集物件、记录相关内容，与同学、家长和社区成员分享自己在这个过程中的收获。例如，在研究服装和不同的扣件时，他们收集了一些纽扣并把它们展示出来。在研究鸟类及其栖息地时，他们策划的展览中包含了羽毛、鸟巢、鸟蛋和鸟舍。在读黛米的绘本《空花盆》（*The Empty Pot*）（1996）时，孩子们自己创作的各种不同形状的手工陶罐被展示出来，作为对故事的补充。在史密森学会旗下的这所实验学校中，早期学习过程中需要探索的抽象概念被以看得见摸得着的方式（收藏品）呈现出来，这一直是该机构的特色。

奥珀尔学校的创立受到了瑞吉欧教育的启发，这所学校也经常举办类似的收藏品展出活动。这些收藏品在激发学生兴趣方面也发挥着重要作用，它们启发学生构建、创造和编撰自己的故事。一篮子闪闪发光的小东西可以启发儿童产生新的想法，在自己的画作中增加更多细节，或是在撰写故事或创作拼贴画时打开思路。在奥珀尔学校的教室里，收藏品不仅被用作教具，而且被看作启发学生探索和发现的重要手段。

成套的收藏品会受到重视，单件物品也被认为是故事的载体。物件能帮助儿童在不同事物之间建立起联系，也能启发他们去思考和创造。很多时候，正是一些日常生活中的物件特别是在自然界中发现的东西会受到奥珀尔学校师生的关注。这些孩子经常会从户外收集一些树枝或石头，然后悄悄地把它们放在口袋里，以供日后研究或游戏。儿童独特的兴趣和他们收集到的物件都会受到尊重，尊重是奥珀尔学校的核心教育理念。

一个儿童在一棵橡树下发现了一颗橡果，仔细观察它的颜色、形状、大小和质地，通过各种感官来体验和理解它。观察是奥珀尔学校的孩子们经常练习的一项重要技能，经过这些练习，孩子们自然而然地学会了关注细节。待到这个儿童发现另一颗橡果时，他会开始对比两颗橡果的特征，发现之前没有注意到的细节。一颗橡果、两颗橡果……他很快收集了一组橡果。每颗橡果都因其独一无二的特征而受到关注，也会被拿来和其他橡果放在一起进行比较。在游戏中，儿童可能会按照从小到大的顺序把橡果排列在一起，也可能会依据其他的特征进行分类，比如有"帽子"的橡果和没有"帽子"的橡果。稍加想象，其中一些橡果就可以被赋予新的含义，比如，被看作一家人，每颗橡果都被赋予特定的角色（妈妈、爸爸、孩子、宠物等）。儿童也可以把这组橡果带到教室里与其他人分享，还可以把它们融入其他课堂项目中。

在奥珀尔学校的课堂上，儿童对收集到的自然材料进行整理分类，分别放到不同的容器中，用来进行各种艺术活动。从本质上说，一个容器构成一组自然收藏品。从儿童发挥想象力参与这些活动的过程中，我们不难看出，创造力和艺术表达在这所学校是非常受重视的。这些活动反映了儿童的学习收获，而且他们还通过课堂展示的形式把这些收获分享给了其他人。物件和收藏品在奥珀尔学校特别受重视，尊重儿童和环境是这所学校最重要的教育原则。

注重利用实物藏品并不是博物馆学校特有的理念。作为一所独立的学校，佛罗里达州棕榈滩日托学校（Palm Beach Day Academy）也一直利用物件来开展教学活动，把收藏品融入课堂学习中。该校一年级的教师不仅把收藏品全面融入了全年课程中，还特别强调物件在教学中的重要作用。

许多国家和文化都有利用收藏品开展教学活动的学校。一个源自加拿大的有趣模式正在受到各国教育工作者的广泛关注，该模式强调自然教育，并把收藏的理念融入到了课程中。人们把这类学校称作"森林学校"（forest schools），它们带着学生通过在自然环境中动手探索来学习数学、科学、社会研究和语言艺术。儿童通过收集树叶、树枝、松果、石头和其他标本来获取信息，利用大自然中常见的东西来理解世界和讲述故事。收藏品自然地成为这些课程的一部分。

在比较传统的小学中，教师也经常利用物件来引入、讲解概念。他们中的一些人可能有意识地把收藏品的概念融入教学策略中，而另外一些人虽然使用了收藏品，但并没有刻意在实践中结合收集或收藏的概念。无论如何，物件对儿童学习的重要作用都是显而易见的。

不管在正式还是非正式环境中，收藏都涉及展示环节，儿童展示自己收藏品的方式五花八门。不仅选择和收集的过程能给他们带来快乐，与这些精心挑选的"宝贝"互动或游戏也会让他们感到很愉快。对一些儿童来说，这些收藏品的展示方式和收集过程同样重要。当然，对一个孩子来说很重要的事，对另一个孩子来说可能没那么重要。每个儿童都以其独特的方式与收藏或收藏品的概念联系在一起。

儿童从很小的时候就开始想要收集一些东西，并分享自己对它们的喜爱之情。对于正式或非正式环境中的教育工作者来说，如果能据此设计课程和活动，那么就能很好地利用儿童喜欢收集的天性，为他们创造强大而有意义的体验。

儿童绘本：探索收藏和收藏品的概念

儿童通过各种各样的体验来了解周围的世界，他们会被身边的事物所吸引，并表现出通过不同感官去探索的意愿。教育理论家、研究人员和教育工作者都认可物件对儿童学习的重要价值，与此同时，他们也认为叙事和讲故事是儿童学习的重要途径。

专门为儿童编写绘制的书籍不仅能帮助儿童学习和理解新的概念，还有助于培养一些重要技能。它们把儿童的生活经历转化成文字和图画，从全新的视角来扩展儿童对日常行为的理解。儿童早期教育领域的专业人士普遍认可书籍的重要价值，认为阅读能够促进儿童的认知、社交等方面的发展。"根据美国教育部下属的国家教育统计中心的数据，相较于那些家里没人陪伴阅读的儿童，家里有人给读书的儿童具有很大的优势"（National Education Association 2015）。书籍对儿童学习和理解周围的世界产生了重要影响。

大多数社区的博物馆、学校和书店里都有种类繁多的书籍，这使得家长很容易获取儿童读物。媒体对儿童早期阅读的重要性的宣传向大多数家长传递了一个重要信息：书籍具有重要价值。包括美国国家幼儿教育协会和国际阅读协会（International Reading Association）在内的专业组织也发布了一些正式文件，通过分享研究成果和阅读的益处，鼓励人们在孩子刚出生的几年里就给他们阅读。从小培养孩子的阅读习惯已经成为公认的正确做法，不仅是教育工作者认同这一理念，许多家长也意识到了这一点。

在正式教育中，早期教育工作者普遍非常重视阅读，"故事时间"是每一个幼儿园课堂里都能见到的活动。儿童书籍具有语言丰富、画面精美等特点，它们为儿童探索抽象概念、理解新事物和发挥想象力提供了丰富的机会。书里的故事和诗歌使儿童的世界更加多姿多彩。

有些儿童绘本作家在可爱的绘本故事中也谈到了收藏的概念。塞尔吉奥·鲁齐耶的《珍宝小屋》(*Room of Wonder*)讲述了一只名叫"皮乌斯"的小老鼠的故事。皮乌斯很喜欢从周围的环境中收集各种各样的东西，如弯曲的树枝、有趣的叶子或被丢弃的物品。皮乌斯会在它的"珍宝小屋"的架子上展示自己的宝贝，其中包括他最心爱的物品——一小块灰色的鹅卵石。然而，皮乌斯的朋友们却不明白它为什么这么喜欢这块如此普通的石头。通过这本绘本，儿童不仅能了解收藏和展示的概念，而且能开始理解每个人的兴趣是不同的。有些东西对一些人来说可能非常普通，但对另一些人来说却非常特别。最重要的是个人与所收藏物品之间的联系。

I. C. 斯普林曼在《多了》(*More*)一书中谈到了收藏的概念。这本书一开始讲的是一只一无所有的喜鹊慢慢地收集一些东西到自己的巢中，直到它收集的东西太多了(Springman 2012)，它的巢出现了危机，它才认识到少即是多。虽然这只喜鹊的收集过程并没有太多规律，但它显然也是一位收藏家。这本书可以开启一段关于"什么是收藏"的对话。

这只喜鹊不是唯一一只对收藏感兴趣的小鸟，辛西娅·德菲利斯的《聪明的乌鸦》(*Clever Crow*)通过一只乌鸦的故事介绍了收藏的概念。这只乌鸦喜欢"各种硬币、钻石戒指"以及其他亮闪闪的东西，这给附近的一个家庭带来了麻烦(DeFelice 1998)。幸运的是，艾玛小朋友发现了这只乌鸦的喜好，从自己的宝贝里找到了一团闪亮的口香糖包装纸，骗过了乌鸦，从乌鸦的收藏品中取回了闪亮的钥匙，解决了家里的麻烦。在读这本书时，儿童很容易就能看出这只乌鸦喜欢闪亮的东西，会自己收集这些东西。在这个故事里，艾玛放在自己床下的小宝盒和乌鸦巢中"被盗的藏品"都展现了收藏的概念。如果要与儿童讨论收藏的意义和特点，《聪明的乌鸦》会是不错的选择。

一些儿童只收集特定的物品，比如贝壳或石头，而另外一些孩子则会基于更宽泛的主题来收集物件，正如这只乌鸦会收集闪亮的东西。伊芙·邦廷在《安娜的桌子》（*Anna's Table*）一书（Bunting 2003）中从主题收集的角度描述了一个孩子对大自然的热爱。安娜收集各种不寻常的物品，包括招潮蟹[1]、羽毛、鲨鱼的牙齿和满是灰尘的鸟巢等与大自然有关的一切。安娜对自然界中的所有事物都非常感兴趣，她觉得它们很美。她还精心挑选了一张小桌子，专门用来展示她的宝贝。如果要与儿童讨论不同类型的收藏品和展示的概念，《安娜的桌子》这本书可以作为切入点。

　　安娜喜欢与大自然有关的一切，而罗达只喜欢自然界中的一种东西——石头。《罗达寻找石头的冒险之旅》（*Rhoda's Rock Hunt*）讲述了一个叫罗达的女孩徒步穿越北部森林去收集各种石头的冒险故事，"罗达喜欢各种石头，光滑的、凹凸不平的、闪闪发光的、条纹纹理的、心形的、帽子形状的、号角形状的"（Molly Beth Griffen 2014）。对各种石头的描述能够帮助读者想象一个物品的多方面属性，了解世界的复杂性。一块石头不仅仅是一块石头，每块石头都是独一无二的。这种复杂性的概念适用于大部分收藏品，可以用来与儿童讨论他们自己的收藏：你为什么喜欢这块石头？这块石头和其他石头有什么不同？通过了解物件的不同属性和特征，儿童能够学会对自己的藏品进行整理和分类。我们一起来按照颜色把这些石头分分类吧！看看每块石头的大小，按照从大到小的顺序把它们排列起来。大多数儿童非常喜欢收集的过程，基于自己的收藏而展开的对话可以为儿童表达自己的想法和拓展对事物的理解提供很好的机会。

　　这种对大自然的热爱在儿童中很常见。一篮子松果能够吸引儿童的注意，有的孩子还会拿起每一颗松果细细观察。有的孩子会收集落叶和树枝用于游戏，还有的孩子会收集一些石头，在人行道的边缘排成一行。自然环境提供了非常丰富的学习机会。

　　儿童对日常生活中的物件也很感兴趣。《汉娜的收藏》（*Hannah's Collections*）讲述的是一个喜欢收集各种东西的小女孩的故事，她把每件物品都视作宝贝（Marthe Jocelyn 2000）。她收集纽扣、雪糕棍、发夹、塑料环、硬币、邮票、玩

1　译者注：一种螃蟹，最大的特征是雄蟹拥有一大一小相差悬殊的一对螯。

偶、橡皮擦、钥匙、衣夹、回形针、贝壳、树叶、羽毛等。汉娜会与她收集的物品进行有趣的互动，比如把雪糕棍交叉排列或是朝不同方向摆放，抑或是对纽扣按照大小、形状和颜色进行分类。她对各种物品的喜爱还延续到了其他日常活动中。

儿童对收集物件的兴趣并不一定来源于自身，可能来自另一个人的收藏。《纽扣盒子》（*The Button Box*）讲述了一个小男孩发现自己祖母的纽扣盒以及他们一起经历的快乐故事（Margarette S. Reid 1990）。他们一起探索这些纽扣，找到图案相同的纽扣或是对它们按照颜色、大小和形状进行分组。他们想象着这些带有鹰、旗帜或锚图案的纽扣点缀在军装上，那些闪闪发光的纽扣镶嵌在电影明星、国王或王后的服饰上。他们还发现纽扣有很多不同的材质和纹理。花了一下午时间探索祖母的收藏令小男孩有了很多新的发现，这让他后来还想来祖母家玩这些纽扣。这个故事能够引起儿童和成人的共鸣，因为很多人都有和亲人一起探索和学习的经历，就像书里的情节那样。

无论自己的收藏在其他人看来有多么无趣或微不足道，儿童都会把它们视若珍宝。《内心的珍宝》（*Treasures of the Heart*）一书提醒我们，重要的是尊重儿童的兴趣（Alice Ann Miller 2003）。同时，这本书也让我们意识到，日常生活中的小玩意儿往往是具有特别意义的"内心深处的回忆"，让儿童有机会分享自己喜欢做的事情就是尊重和理解他们的表现。

市面上有很多精美的儿童书籍，它们可以帮助孩子理解收集和收藏的概念。每一本书所要传达的信息都不尽相同，但大部分都能引起儿童的共鸣，让他们联想到自己对一些物品的热爱和兴趣。

结语

收集是儿童天生就会做的事情，也是他们会持续一生的活动。最重要的是要知道每个孩子的兴趣都不一样，他们所收集的事物代表了他们的选择，我们要尊重他们的选择。对大多数儿童来说，收集的对象往往不是从商店里买来的东西，而是在与周围世界互动的过程中自然发现的东西。想想皮乌斯的鹅卵石，要记住，物件的价值来自人心！

第三部分

实物教学法：

吸引儿童在博物馆深度学习

第七章　历史类博物馆与实物教学法

花费半小时去听别人跟你描述，所能获得的东西远不及用自己的眼睛去看一分钟。让孩子去亲眼目睹、亲手触摸承载学习内容的物件，能最大程度地节省时间，还能最迅速、高效地呈现出绝不走样的感性印象。

——列维·W. 孟格尔，雷丁公共博物馆（Reading Public Museum）

导言

博物馆通过对物件的扎实研究来构建知识和认知，这是其权威性的来源。物件不仅是博物馆的信息来源，而且正如孟格尔所言，对儿童来说同样重要，因为它们可以帮助儿童形成"绝不走样的感性印象"。作为"用感官探索物件"这一理念的倡导者，孟格尔始终主张亲眼目睹、亲手触摸的方式远胜于其他只靠语言文字的学习方式，对儿童来说尤其如此。像其他类型博物馆一样，历史类博物馆也提供了大量通过物件来学习的机会，因此如何将其打造成儿童学习的场所值得我们认真思考。

进入21世纪后，历史类博物馆（包括历史遗址）开始前所未有地欢迎儿童观众，通过提供丰富的机会帮助儿童学习理解历史所需的核心原则，甚至年龄较小的儿童也因历史类博物馆而有了"过往与如今"的概念。对儿童而言，博物馆对历史的介绍使他们开始接触到"过去与现在"的概念，而后在成人的引导下最终形成认知——"历史就是已经发生的所有事"。事实上，这正是一个5岁的孩子在描述自己对"历史"一词的理解时所说的原话。

　　当儿童把他们生活中熟悉的物件、地点与过去的物件、地点进行比较时，会理所当然地认为所谓"随着时间而产生的变化"就是发生在真实世界中的一些事，这个过程帮助他们在头脑中形成了"历史"的概念。一辆老式自行车虽然有别于孩子自己的自行车，但这个历史物件上保留着的相似之处却可以让孩子一眼就认出它。儿童可以很容易地发现今天的物件和过去的物件之间的区别和变化。

　　历史类博物馆也会向学龄前儿童介绍那些影响过整个社会的重要人物或重大事件。虽然儿童对时序的理解还不足以支撑他们去研究历史，但逐渐熟悉一些重要人物（如托马斯·杰斐逊、罗莎·帕克斯[1]）的简单事迹，在事件本身之外同样有着一层重要的意义。在日后的某个时刻，这种初步的认识会经过整合而促成对更为复杂的历史的理解。早期经历就像一块块砖头，一点一滴地筑成了儿童对历史的理解，它在更广义的历史语境之下同样有着重要的价值。

　　绝大多数博物馆都可以做到吸引儿童观众，甚至包括那些在策划时并没有把儿童考虑在内的展览。有时候，策展团队的目标群体远远超过学龄前儿童的范围，但这样的展览里也总能找到一些物件——如混在众多粗糙宝石中的钻石，它们初看可能平淡无奇，但透过孩子的眼睛认真思考和观察后就能发掘出新的意义。吸引儿童观众的秘诀，就是多多提供感官体验的机会。

　　多感官探索的学习理念由来已久，在21世纪同样行之有效。极富远见的雷丁公共博物馆创始人孟格尔（Findlay and Perricone 2009，p.11）及他的博物馆学校，早早就认识到多感官探索的体验是帮助儿童获取精准认知、学习知识、发展"专注力"的最佳方法（ibid., p.12）。人们普遍认为，博物馆可以为儿童提供绝佳的机会，让他们能够通过感官探索来获取知识、特别是21世纪的博物馆，不仅拥有丰富的视觉体验，而且辅之以越来越多的触觉和听觉体验。

　　设想在一座古宅里，到处都是过去几个世纪的艺术品和手工艺品。房子的历史或房子的主人家族的故事对四五岁的孩子来说可能并没有吸引力，但房子里经过精

1　译者注：美国黑人民权运动参与者，因于1955年拒绝在公交车上给白人让座而成为国际反种族隔离运动的标志人物，后被授予"现代民权运动之母"称号。

心布置的各种物件却很可能打动孩子。比如，托马斯·杰斐逊发明的那口位于蒙蒂塞洛庄园入口处的钟，或者乔治·华盛顿故居弗农山庄里那座造型独特、有特殊用途的钟。日常生活中，钟表之类的简单物件对孩子来说并不陌生。以此为起点，儿童也可以去探究那些摆放在古人的屋子里的历史文物了。

历史博物馆和古宅古迹

这一章所罗列的实物教学案例不仅仅适用于历史博物馆和古宅古迹，它们同样也可以用在其他形形色色的历史博物馆环境中。同时，每一个案例又与特定的机构或藏品密切相关。这些案例不是高度结构化的，而是提供一个框架，在其中，与儿童相关的任何想法都可以进行探索尝试。因为所涉主题众多，博物馆教育工作者完全可以将一个想法应用在不同类型的藏品上。不论是大人物的显赫宅邸还是只流行于特定小圈子内的院落，概莫能外。

实物教学案例1：历史

第一个实物教学案例是围绕钥匙的概念设计的。这些物件在当今社会非常常见，对孩子来说也很熟悉，而且在过去几个世纪中也是非常重要的。和其他物件一样，有形的钥匙既能启发孩子去理解祖先的故事，也能帮助他们在今天和过去之间建立有意义的联系。

> **实物教学案例：破解古宅里的历史迷案——蒙彼利埃**
>
> 蒙彼利埃是美国宪法之父、《权利法案》(*Bill of Rights*) 的缔造者詹姆斯·麦迪逊总统及美国历史上第一位"第一夫人"多莉·麦迪逊的故乡。蒙彼利埃庄

园以其豪宅、花园、历史建筑、展品、考古遗址和森林小径而闻名天下。

蒙彼利埃（Montpelier），2016年

背景信息和核心策略

儿童通过在熟悉与不熟悉的事物之间建立联系来理解周围的世界。这通常始于儿童的好奇心，或者当他们在对比一些看上去差不多但其实截然不同的事物时所迸发出的求知欲。比如，20世纪20年代上流社会的一顶帽子，虽然一眼就能认出是帽子，但儿童心里知道这顶帽子跟他们见过的帽子不一样。好奇心会驱动探索的过程，促使儿童把注意力放在这些熟悉或者不熟悉的物件的毫末细节和细微特征上。

在皮亚杰的理论中，他将儿童这种天生的在不同事物之间建立联系的倾向描述为"同化"和"顺应"的过程。在经历了某种体验后，儿童会在头脑中形成一个印象或概要，用于与后续通过新的体验获得的信息作对比。他们会把新收集到的信息与自己的已有认知进行联系和比较，如果已有认知和新信息之间存在矛盾，他们就会把新信息吸收进来，并调整自己头脑中的已有认知，形成更加完善的理解，进而达到皮亚杰所说的平衡状态。

这种意义构建的过程是建构主义学习理论中的基础概念。已有认知是过往经验的产物，被视为获取新知过程中的重要组成部分。杜威、维果茨基、皮亚杰、布鲁纳等理论家都认为，新的经验与已有认知的结合构成了学习的框架。当儿童在不同物品、想法、经历中发现某种相似之处时，他们会产生新的想法，并把新的想法添加到已有概念中，或去修正已有概念，进而巩固自己的知识基础。当教育工作者鼓励儿童与已有认知建立有意义的关联时，儿童对概念的理解就会加深，学习也会随之进步。这种构建意义的方法同样适用于对历史文物的学习。

案例导入

这个课程案例可以用一组钥匙来导入。这组钥匙各式各样、大小不一、形状各异，有的跟当代生活有关，有的反映的是过去的年代。对学龄前儿童来说，有的钥匙看上去很熟悉，有的则并不清楚。在活动一开始，这些钥匙被展示在一块黑色的天鹅绒布料上，孩子们可以交流自己看到的、想到的事。随后可以用一连串简单的问题引导他们进一步展开对话：当你看到这些物件时，你想到了什么？当你仔细观察它们时，有没有发现什么？它们一样吗？它们有什么不同吗？这些物件会用来干什么呢？

大多数孩子都能马上认出其中一部分是钥匙，还能大概解释钥匙的用途——用来打开或者锁住东西。这样的对话应当建立在儿童已经掌握的知识的基础上，并随着一系列开放式问题的提出（这种方法在历史类博物馆中被广泛应用）而逐渐走向深入。每一次的对话讨论或者活动都会因参与儿童的独特视角、知识背景和个体发展水平而不尽相同。

通过这个开放式提问和引导式对话的过程，孩子们逐渐明白了所有这些物件都是钥匙，而且这些钥匙有着各种各样的功能，比如，配合着锁头来保障个人用品的安全。你希望保护哪些东西的安全呢？在你家里有什么特别的物件需要保障安全呢？如果没有钥匙的话，会发生什么事？你又会怎么解决这个问题呢？

这个时候，我们就可以告诉孩子们，钥匙和锁头并不是如今才有的物件，而是伴随人类几百年了，我们现在用的钥匙跟过去的有很大差别。同时，我们也可以请孩子们想一想如何使用钥匙以及过去是谁在用钥匙等问题，借此帮助他们与过去建立联系。当孩子们开始思考这些问题时，我们就可以把他们的注意力转移到古老的钥匙上，请孩子们认真对比这些钥匙。我们要认真听孩子观察到的内容，也许他们中的有些人已经注意到，他们早就在动画片、绘本或者其他媒体上见过那些不太熟悉的钥匙了。

破解历史迷案

在这个特别的活动中，学龄前儿童或者带着小宝宝的家庭观众将化身为博物馆的侦探，去搜寻一些需要特殊钥匙的物件。在介绍活动规则时，我们可以告诉孩子："侦探"要通过仔细观察来破解历史迷案，同时"侦探"还要在不触碰任何东西的前提下保障一切物品的安全。重点是在房子里徘徊时仔细观察，找出那些需要用钥匙打开或锁住的家具、文物，甚至这幢建筑的某些部分。想想看，你怎么才能知道哪件东西或哪处地方需要用到钥匙呢？

锁具的一个标志是上面的钥匙孔，或至少是跟钥匙有关的其他特点。但孩子们可能会注意到一些特例，如门闩就不是这样。当孩子们注意到抽屉、橱柜、门板或其他历史物件上的钥匙孔时，再给他们看看活动一开始时展示的那组钥匙，请他们想想看哪把钥匙能打开某一把锁。要提醒参加活动的孩子，"侦探"是不能把钥匙放进任何一把锁中的，他们需要调动自己的想象力。然后，我们可以用手势做个示范，演示如何正确地开锁。接着，孩子们就会跃跃欲试地参加这个假装游戏了。

虽然这些儿童年纪尚小，但一般也会把大钥匙匹配给大一号的锁头，给小一点的钥匙配上小锁。因为整间屋子里的物件都很古老，所以可以找出几把老式的钥匙，暗示他们这些过去的钥匙最有可能是他们要找的。孩子们总能用非常质朴的言语把自己对世界运转规律的直观感受表达出来，他们的洞察力和提出的问题常常令周围的成人惊艳。

绝大多数的锁头都会在门、橱柜等显而易见的地方找到，但还是会有一些出现在意想不到的地方，让孩子们感到兴奋、惊奇。和其他古宅一样，蒙彼利埃有很多不同寻常的物品用来保护私有财产的安全，这些东西对21世纪的孩子来说可能很陌生。比如木制的刀具盒，用来盛放整间宅子里最贵重的物品——主人一家的银器（图7.1）。其他一些带锁的储存容器用来珍藏名贵的进口食物，如茶叶罐、糖盒。在蒙彼利埃，除了上述这些历史文物以外，孩子们还能发现古宅里陈设的其他有类似特点的物件。我们的小小博物馆侦探或许会

图7.1　收藏于蒙彼利埃的带锁刀具盒

图源：由美国国家信托历史遗址——蒙彼利埃提供

注意到各种各样需要钥匙才能打开的物品——装毯子的箱子、存放餐具的柜子、放酒的酒柜、桌子、餐边柜、书架。几乎所有物品都要被锁起来，以免被雇工或其他人偷走。

当孩子们找出这些文物后，就可以用提问开启对话了：你家的刀叉、勺子都放在哪儿？糖、书、毯子又放在什么地方呢？这些东西都会锁在柜子里吗？在整座房子里，有许多需要钥匙的物品。你觉得这些钥匙会由谁来保管呢？根据蒙彼利埃庄园助理策展人特蕾莎·特谢拉在2016年接受访谈时的说法，有资料表明钥匙由多莉·麦迪逊保管。在游览整座房子的过程中，孩子们还会发现其他带锁的文物，这有助于我们继续之前的对话：这里的事物和你家的一样吗？你有什么想法吗？

过往岁月中肯定会有一些和今天不太一样或者大不一样的地方，当孩子们注意到这些"异常之处"并显得很好奇时，我们要很简练地直接回答他们的疑问。比如说，孩子们也许会纳闷，为什么需要这么多钥匙来把所有的东西都锁起来？这时候，我们就可以告诉他们，在麦迪逊生活的时代，一些富裕人家会在家中蓄养奴隶或雇佣仆人，他们很害怕家里的财宝或物品被奴隶、雇工或来访的客人偷走。当我们说完这些时，孩子们会给出他们自己的思考和观点。

这种体验的核心是在过往生活和今天的生活之间作对比，在历史人物和观众之间建立联系。这个实物教学案例借由一把小小的钥匙而展开，我们透过它得以窥见历史，并将历史与今天的世界进行比较。

案例结论

这个实物教学案例在儿童和成人之间开启了一段对话，目的在于引导孩子仔细观察古宅及其中的许多宝物。钥匙这种我们生活中常见的物件促使我们去观察文物，了解宅子里的人们过去的生活。这种教学策略虽然简易，却行之有效。

由于儿童是积极主动的学习者，他们的学习过程比学习结果更重要，所以理想状况下，最好能在活动一开始的导入环节或者房子里的某个区域（可以作为儿童动手探索空间）准备一些孩子们可以动手体验的锁和钥匙。在托马斯·杰斐逊故居蒙蒂塞洛庄园的"十字路口"展览（Crossroads Exhibition）中，就有一个关于锁的动手体验区。

这个展览中的互动展项包括一个供观众操作的酒柜升降台模型、一个用来传唤仆人的铃铛、一些多功能门锁，这些都在提示人们为什么一些储物空间要上锁。这件事在当时非常重要，以至于杰斐逊的孙女们把家务管理大致等同于"保管钥匙"。

蒙蒂塞洛庄园，2016年

因为能与现实生活联系在一起，所以关于钥匙的实物教学法对学龄前儿童来说是有意义的。孩子从很小的时候就会对钥匙产生好奇，也会从在日常生活中看到的情景或听到的绘本中的故事里知道钥匙的功用。比如，在绘本《晚安，大猩猩》（*Good Night, Gorilla*）（Peggy Rathmann 2000）中，动物园管理员挨个向每个动物说了晚安之后继续在园里溜达，丝毫没注意到他那把巨大的老式万能钥匙居然已经被大猩猩偷走了，大猩猩在晚上把所有动物都放出来了。当孩子听这个睡前故事时，会看到绘本上钥匙的图片，也会对钥匙的功能和使用场景形成一定理解。他们在这个过程中获取到的宝贵信息会为之后的学习奠定基础。

每一位教育工作者都知道，过往经验塑造了儿童的基本认知，并在已有知识和新的知识之间建立联系。当年幼的孩子造访古宅时，一次成功的学习体验关键在于在熟悉与不熟悉的事情之间建立起有意义的联系，同时为儿童设计一个独特的"角色"，让他们有机会参与进来做一些有意义的事。钥匙只是众多选项中的一个例子，我们还可以找到更多方法来帮助儿童通过物件进行深度学习。

实物教学案例2：历史

第二个实物教学案例强调的两个重要概念"过往与如今"和"随着时间而产生的变化"虽然简洁，但道出了历史的实质。随着思考的深入，儿童渐渐学会理解历史概念，开始与过去建立联系。展览"厨房里的老式炊具"（In the Kitchen：Making Connections with Old-Fashioned Cooking Tools）正好提供了今昔对比的场景，孩子在这里可以摆弄20世纪上半叶的厨房用品，比较它们和时下同类物件之间的异同。

实物教学案例：厨房里的老式炊具

朱莉娅·切尔德（1912—2004）是一位具有传奇色彩的厨师和教师，对美国人的膳食和烹饪产生过深远的影响。她鼓励美国人克服对陌生事物的抵触，同时还从整体上拓宽了美国人对食材、口味、工具、烹调、菜品的看法。

展览"好胃口！史密森学会里的朱莉娅·切尔德厨房"（Bon Appetit! Julia Child's Kitchen）的起源和背景是位于马萨诸塞州剑桥市的朱莉娅自家的厨房，正是在那里发生的一切悄然改变了20世纪下半叶美国人的饮食和烹饪方式。这里展出的物品横跨半个世纪，上至20世纪40年代朱莉娅刚刚涉足餐饮界时用过的工具和设备，下至21世纪初朱莉娅决定把这间厨房捐给史密森学会时所使用的厨具。

美国国家历史博物馆，史密森学会，2016年

背景信息和核心策略

儿童生来就会靠视觉学习，他们通过对比形象、寻找异同来分类、排序、划分周围的事物。这种能力一开始是对外部实体环境的整理，进而会发展为对更抽象的概念的组织。有证据表明，这一切在儿童很小的时候就会体现在非正式玩耍中，比如，婴幼儿会根据颜色来给积木分类，会按照形状摆放贝壳，还会从大到小地排列动物玩偶。博物馆教育工作者在设计教育活动时正好可以利用儿童这种通过整理分类来理解周围事物的本能，鼓励他们依据个人经验，比较展厅里的艺术品与日常生活中的物品之间的相同点和不同点。

随着在日常实践中不断磨砺观察技能，儿童会注意到更多细节，并且把这些信息应用到真实世界的情景中。比如，在屋子里玩动物玩偶时，或者在和邻居家的宠物狗玩耍时，或者在书中看到各种各样的动物时，他们会察觉出这其中的细微差别。在介绍历史类博物馆里那些不太熟悉的物件时，我们就会发现这种观察和比较的方法非常有用，它能有效地帮助儿童通过已知信息学习新的内容。

实物教学案例的背景信息

在21世纪，人们在全美各地的家庭里能找出无数的厨房用具——压蒜器、小刨丝器、果蔬切片器、各种尺寸的搅拌器等，似乎任何一个做饭的步骤都能找出一件对应的小玩意儿来处理。做饭对家庭生活来说是头等大事，一想到它，就会令人感觉温暖。儿童在观察甚至亲手做饭时，能见识到不同的烹调工

具和烹饪技法。

虽然有的家庭中不乏厨艺高超的行家里手，但同时也有很多家庭不怎么做饭或烘焙，儿童在日常膳食中没有自制食物的经历，比如，自家烤面包或者自家烤蛋糕和脆皮水果馅饼。在这种家庭里生活的孩子不一定能认出量匙、抹刀等简单的烹调工具。而且几乎每个社区的餐馆都越来越多，超市也能提供更多种类的食物制品，许多家庭会贪图方便而不再在家做饭。

这些信息都在提示我们，不同的孩子学习的"起跑线"是不一样的。有经验的教育工作者会迅速评估学习者的知识功底，灵活调整活动以适应儿童的认知水平和需求。

案例导入

儿童热衷于假装游戏，能从一只普通的木勺、一个金属制的搅拌碗里发现乐趣，这一点很多父母都知道。像木勺、搅拌碗这类普通的厨房用具，大多数孩子都能认出来，而且他们在很小的时候就已经能熟练掌握这些词语了。

这个实物教学案例可以从收集简单、日常的烹饪工具开始。一个大木勺、一把金属抹刀、一套多色量匙、一只小搅拌碗、一个压土豆泥器，这些都是孩子最容易认出来的物件。把这些物件混在一起，再放进去一根擀面杖、一个刨丝器、一把柠檬刨屑刀、一只坚果钳，可以给学龄前儿童带来新的挑战，让他们认识一些不怎么熟悉的东西，同时又因为一些新物件的加入而引发新的兴趣。一定要记住一点：即使是最常见的家居用品，对于有的儿童来说都可能是完全陌生的。

在开始这次活动时，可以邀请儿童仔细观察排列好的厨房用具，然后提出一些开放式的问题来引发对话：你看到这些物件时联想到了什么？它们有可能出现在什么地方？要怎么使用？关于这些物件，你有什么想问的？它们有哪些相似之处？又有何不同？如果物件里有儿童熟悉的东西，对话就很容易展开，孩子会分享自己的看法。而一些新奇的物件往往能引发兴趣。可以通过使用适当的手势或肢体语言简要地示范这些物件的用法，然后向儿童解释世界上有很多种不同的烹饪工具，而这些只是其中一小部分。

然后把对话的焦点从熟悉的厨房用具转为博物馆的参观体验，问问儿童是否知道好奇心是什么。在讨论好奇心时，可以通过手势或诸如"我想知道这可能是什么"之类的话术来示范出好奇的感觉：你曾对什么东西感到过好奇？可以通过一件特殊的物品、一件用来放置重要物品的容器——"好奇箱"来勾起儿童的好奇心。再强调一下，要示范出好奇的感觉，要鼓励儿童思考箱子里可能放了什么东西，然后认真倾听儿童的奇思妙想。正如亚里士多德所言，"学习始于好奇"，鼓励儿童的好奇心可以促进他们的学习。

厨房里的老式炊具

一个老式的木制捣碎器特别适合藏到"好奇箱"里，和参观博物馆的儿童一起探索。在打开箱子、展示物件之前，用几个问题来为对话作准备：你能告诉大家这件东西有多大吗？你知道它有多重吗？你觉得这里只有一件东西还是有好几件？你为什么这么想？这些引导性的问题可以鼓励儿童通过摆弄"好奇箱"来获取信息，然后运用逻辑思考作出预测。怎样才能知道箱子里物品的颜色呢？可以提醒儿童，我们要靠视觉、听觉、味觉、触觉和嗅觉来收集信息，而在有些情况下，我们的理解判断会受限于某些感官。比如现在这种情况下，我们就无法得知"好奇箱"里的东西是什么颜色，但是我们可以通过掂量箱子来判断里面的东西沉不沉。

在最初的讨论之后，就可以打开箱子展示物件（一个老式的木制捣碎器）了。要小心翼翼地拿起捣碎器，在接触它时要表现得很郑重。鼓励儿童认真地观察这件物品，用一个词来描述它。不同的儿童可能给出截然不同的答案——重的、棕色的、木质的、粗糙的。由于每个孩子的个人经历不同，还会有儿童妙语惊人，说出一些出人意料的词汇。有时候，后面的儿童会重复之前其他人说过的词，这也没关系，这是儿童学习时常见的现象。当这种情况发生时，恰当的处理方式是顺势而为，向孩子们指出大家都不约而同地注意到这一点，这真是件有意思的事情啊！为了进一步扩展对话的内容，也可以让儿童讲一讲他们为什么会想到这些词：为什么你会说这件物品是粗糙的呢？你用到了哪种感知觉？通过这种方式，孩子们可以相互学习。

顺着儿童的疑问和教育者提出的问题，对话会很自然地展开：你觉得这件东西当时是用来干什么的？有必要给出一些提示，如这件物品的使用场景——对于这个例子来说，就是厨房或烹饪区。学龄前儿童往往因为已有认知的积累而拥有很强的直觉理解，这可以推动大家一起讨论这件物品的用途。十有八九会有一个孩子跳出来指出这件东西可能是一件用来做饭的工具，如用来捣碎、粉碎或研磨食材什么的。紧接着就可以来验证这些想法，并确认这个老式捣碎器的真正用途。除此之外还可以告诉孩子，即便是同一件物品，不同的人使用它的方式也可能不尽相同。或许有的人会惊讶地发现，这么小的孩子对未知的事物竟然拥有这么强的理解能力。但经验丰富的早期教育者知道，学龄前儿童理解世界的能力就是这么高超。

然后就可以在展区开始活动了。先用几个简单的问题来引导儿童思考：所有的捣碎器看上去都一样吗？你的想法是什么？带着儿童仔细观察朱莉娅·切尔德厨房里的用具，看看有哪些东西适合用来捣碎苹果、土豆或其他食物。鼓励儿童比一比朱莉娅的工具和"好奇箱"里的工具有什么不同之处。

在结束展厅参观后，再次提出一开始的问题：所有的捣碎器看上去都一样吗？你的想法是什么？要跟儿童强调想法需要依据来支撑，引导儿童回想他们在展厅里看到了什么。这时候可以再次展示最初介绍的那组厨房用具，同时加进去和老式捣碎器具有相似功能的其他一些工具来提升儿童的兴趣、丰富儿童的讨论。

这个实物教学案例所要传达的核心观点是：无论过去还是现在，工具都在每个人的生活中发挥着重要作用，然而，随着新的材料和想法的出现，工具的设计及用途会悄然发生演变。这一点不仅是指烹饪工具，也同样适用于建筑工具和其他类型的工具。通过参观博物馆，儿童可以清晰地认识到现如今使用的许多厨房用具早已不是过去的样子，由此也可以鼓励他们继续讨论未来的工具会是什么样子。

案例结论

史密森学会里的朱莉娅·切尔德厨房是一个老少咸宜的展览，如果学龄前儿童和他们的家庭成员愿意在这个展览上投入更多时间，可以建议他们从展览里发现更多有意思的小工具。相较于捣碎器，这些工具或许更能引发他们与自己熟悉的工具作对比。也可以建议儿童仔细观察朱莉娅使用过的那些烹饪工具，分享他们对每件小玩意儿的想法。

另外还有一个活动，是关于未来工具的。策划一个活动，让儿童为未来的生活设计烹饪工具。可以把他们想象的工具画出来，也可以用艺术材料和现成的东西制作工具。要给儿童充分的时间来分享他们的想法，鼓励他们讲一讲设计思路以及为什么认为这些工具适用于未来的厨房。要积极肯定孩子们的努力和创造力。基于博物馆的实物教学的奥妙所在就是通过一些动手操作的方法让儿童参与进来，把今天的物件与过去的艺术品巧妙地联系在一起。

实物教学案例3：历史

第三个实物教学案例的灵感来自于一座位于户外的活态历史博物馆[1]。在那里，过去的生活通过独特的阐释方式被呈现出来。这类博物馆往往能捕捉到特定年代或地域的精髓，并且提供一种身临其境的体验，使观众也成为整个故事的一部分。这种环境特别适合儿童理解所处的世界，因为孩子们会自然而然地运用自己的想象来丰富整个故事，进而展开探索。

---

1 译者注：根据宋向光、周婧景诸老师的建议，在本书中将living history museum翻译为"活态历史博物馆"。

实物教学案例：游子的行囊

老史德桥村博物馆（Old Sturbridge Village）是美国东北部最大的户外历史博物馆，反映了19世纪30年代新英格兰地区乡村小镇的风貌。该博物馆始建于1946年，占地200英亩，拥有60座保存完好的建筑。这些建筑来自新英格兰各地，每一座都经过了仔细的研究，并得到了很好的修复。它们包括民居、议事堂、社区学校、乡村商店、银行、律师事务所、打印店、梳棉厂、磨坊、制陶作坊、铁匠铺、鞋店、制桶厂和一家精准还原的锯木厂。

老史德桥村博物馆，2016年

背景信息和核心策略

有研究表明，儿童通过讲故事和叙述的方式来理解他们所处的世界。根据约翰·福尔克和林恩·迪尔金在2000年发表的研究，"年仅3岁的孩子也能记住日常生活中熟悉的经历，他们以类似脚本或故事的形式来记忆，在记忆中用有组织的事件序列来描述某些特定情况下会发生什么、什么时候发生"（p.48）。故事通常被用来传播特定的理念、概念甚至进行文化解读。在家庭生活中，成员间"通过沟通谈心来相互构建认知和理解"（ibid., p.38），进而创造出共同的价值意义。儿童不仅通过故事来了解周围的世界，而且会运用叙述的方式来阐释他们所认识的世界，表达个人的想法、价值观和感受。

此外，想象力游戏是儿童生活中另一件重要的事情，它不仅是儿童理解真实世界的方法，也是他们设想各种可能性的手段。在想象力游戏中，年幼的儿童通常具有独特的视角，对世界的看法也富有创造性。一个显著的例子是，当他们摆弄一只空箱子时，开始会把箱子当作一条船，不一会儿又变成了机器人，最后干脆就是一艘宇宙飞船了。在玩想象力游戏时，儿童有机会利用个人经验重新扮演他们遇到过的一些角色。当信息不充分或观察得不够细致时，儿童会用想象力来进行填补。通过想象力游戏，儿童会按照自己对世界的认知行事，并且通过与同龄人的交往互动加深这种认知。讲故事和想象力游戏是两种简单易行的策略，可以用于博物馆的活动中。将两者结合使用，便能切实吸引儿童学习历史。

案例导入

这个实物教学案例的核心是讲故事。莱斯利·康纳的《布莱迪小姐挑了一把铲子》(*Miss Bridie Chose a Shovel*) 是一本有趣的儿童读物，讲述了19世纪中叶一个移民来到美国的旅程。通过布莱迪小姐的旅程，儿童将从广义上了解移民的概念，并从故事中得到启示——当一个人冒险来到一个新的国度时，谨慎是多么重要。布莱迪小姐的故事可以引导儿童反思自己在生活中的选择，设想一下当自己面临古人遇到的问题时会作出怎样的决定。

美国的历史就是一本移民远渡重洋、跋山涉水的故事集。康纳的这本书向学龄前儿童介绍了"移民美国"的概念，鼓励他们思考当自己准备前往一片新大陆时会带上哪些物品。在孩子们分享了自己对布莱迪小姐的决定的看法后，可以问问他们在面临相似处境时会怎么做以及为什么这么做。

游子的行囊

老史德桥村博物馆展现了19世纪30年代抵达美国并在新英格兰地区乡下定居的移民的生活。就像书中的布莱迪小姐一样，博物馆所展现的那些村民也曾在准备前往美国的时候精心挑选了要携带的物品。他们的行囊中经常装着长途旅行所需的东西，流传至今仍是精美的艺术品。当孩子们看到这些物品时，会激发丰富的想象，把它们联想成移民带到美国来的奇珍异宝。如何开启讨论呢？首先可以拿出一个行囊并描述行囊主人的样子，请儿童想象里面装着的东西，思考老史德桥村里的人会怎么使用这些东西。孩子们有着天马行空的想法，会提出各种各样的点子。

其次可以拿出一份罗列了行囊中物品的清单，和儿童一起讨论这些物品，让他们猜一猜行囊的主人：通过行囊中装的东西，我们可以知道它的主人是个什么样的人？行囊的主人是男人还是女人？他/她的职业是什么或者从事什么类型的工作？你认为行囊中的哪件物品对于主人来说最重要？通过这些物品，你还知道关于主人的哪些事情？儿童会根据行囊里的物品以及自己的想象编织故事，完成讨论。

最后就可以使用讲故事的方法，讲一讲老史德桥村和早期在此生活的村民的故事。主人公可以是乡村商店的店员，也可以是印刷工人。接着穿上服装、拿着道具，开始一场想象力游戏。讲完故事后，可以请儿童也来编故事，描绘生活在村庄里的那些人。最后可以参照老史德桥村博物馆的藏品仿制一个行囊，里面装着19世纪中期服装的复制品，然后为儿童提供再度演绎故事的舞台，请他们再次想象早期移民的生活场景。

案例结论

以老史德桥村博物馆这样的活态历史博物馆为切入点，我们可以很好地带领儿童走进过去的生活。这类博物馆为儿童提供了一个真实的世界，使他们在想象力的加持下得以沉浸其中。这里营造的环境蕴藏着无数的探索契机、丰富的感官体验以及对儿童心智和想象力的激发，可以给孩子和他们的家庭成员留下深刻的记忆。在这里还能找出很多机会来想象移民来到美国的故事，谈论移民带来的物品。再次回到最初关于布莱迪小姐的铲子的讨论，请儿童讲一讲应该如何为一次移居之旅打包行李。博物馆里那些身着古装的工作人员也可以成为活动的一部分，他们会邀请观众——无论老少——一起走进这段历史。对于年幼的儿童来说，这样的沉浸式体验或许会让他们开始对历史产生浓厚的兴趣。

结语

人们通常认为历史只是一门面向高年级学生的学科，而不适用于低龄儿童。然而，当学龄前儿童开始接触与过去有关的内容时，他们可以自然而然地学到关于人物、地点、事件的知识，虽然他们对纪年表或者其他与时间有关的信息还知之甚少。随着儿童心智的成熟和对数字理解的加深，自身的经历可以帮助他们逐渐理解历史的时间脉络。

与文物、照片以及沉浸式环境的接触，是儿童与历史、与过去的人们建立联系的绝佳机会。儿童理解物件的方式不同于成人，我们不必担心他们因为太小而理解不了历史。儿童可以通过故事形成认知，或者基于个人的先前经验和已有知识构建自己的理解。精心设计的活动和参观体验可以培养儿童的历史思维，帮助他们建立起与过去的人物、事件的联系，促进其认知技能的发展。儿童与生俱来的好奇心和探索欲可以在历史类博物馆中得到施展，这里为他们提供了独一无二的学习机会，帮助他们理解周围的世界。

第八章 艺术类博物馆与实物教学法

　　关于创造力，我们（成人）所能做的，无非是协助儿童尽可能高地爬上属于他们自己的山峰，仅此而已。

——洛里斯·马拉古齐

导言

　　就在不久以前，学龄前儿童还很少出现在艺术类博物馆里，仅有的一些儿童身影也往往只是家庭观众的一部分。究其原因，在大多数情况下，人们并不认为这里可以成为儿童学习的地方。如今，这种情况已经不复存在，至少在大多数西方国家是如此。人们可以看到家长和当地社区对艺术类博物馆表现出的极大兴趣，而且这种日益增长的兴趣不限于艺术类博物馆，所有类型的博物馆都受到了关注。

　　这种关注的增长伴随着人们对培养儿童创造力的日益重视。与此同时，作为独创性和想象力的象征，艺术类博物馆也在寻求自身在这一进程中所能发挥的作用。许多学校、艺术类博物馆和为人称道的教育项目都把培养儿童的创造力作为自己的重点。伟大的瑞吉欧教育体系的创始人洛里斯·马拉古齐非常重视儿童的创造力，他强调成人可以利用一系列艺术材料来帮助儿童"爬上属于他们自己的山峰"，进而学习如何表达想法和观点。马拉古齐深知，艺术能够滋养儿童的生命。

　　随着公益基金会和其他组织提供越来越多的资金支持，21世纪的艺术类博物馆正在精心策划面向儿童的活动，努力将博物馆打造成对低龄儿童友好的地方，使儿童可以在这里欣赏、思考艺术品，和艺术品建立联系。有研究可以印证最新的趋势，就连婴幼儿也可能从与艺术品的接触中获益。这种转变也体现在教育工作者和其他博物馆从业人员的身上，他们对儿童是否有能力探索艺术品、是否能和艺术品产生有意义的联系的态度发生了变化。艺术类博物馆可以为儿童提供发挥创造力的机会。

艺术类博物馆、雕塑园和公共艺术

生活中有形形色色的艺术机构和公共场合在展示着各种精美的艺术品，我们可以找到很多有意思的方式带着孩子接受审美熏陶。要让儿童知道艺术不只出现在博物馆里，在我们的寻常生活中也随处可见。在许多博物馆中，教育工作者正在进行有益的探索，他们基于当下的研究设计了活动，使越来越多的学龄前儿童、幼儿甚至婴儿也能享受艺术（Danko-McGhee 2013）。这一章所涉及的艺术类博物馆的实物教学案例只是皮毛。

实物教学案例1：艺术

实物教学案例：在玩耍中体验艺术——探索陀螺

艺术品：展项"巨型陀螺"（Spi Los Trompos），海氏艺术博物馆（展期为2015年4月24日至11月1日）

位于伍德拉夫艺术中心卡罗尔·斯莱特·西弗利广场的展项"巨型陀螺"是海氏艺术博物馆体量第二大的交互设计装置，它的设计者是来自墨西哥的当代艺术设计师赫克托尔·埃斯拉韦和伊格纳西奥·卡德纳。作为一个持续多年的项目的成果，这个在地艺术作品激发了户外空间的活力，吸引观众驻足参与。陀螺是一种深受全球各地儿童喜爱的玩具，也是这个展项的灵感来源。"巨型陀螺"为社区民众的参与和各类活动的举办提供了施展空间，整个展项共由30多个比真人还大的立体陀螺组成，它们五颜六色、形状各异，星罗棋布地放置于广场各处。每个陀螺的表面都由彩色的尼龙宽布条以墨西哥传统手法编织而成，观众可以几个人一起靠自身的力量把陀螺转动起来。

海氏艺术博物馆，2015年

背景信息和核心策略

游戏是一种独特的学习方式，许多教育工作者和理论家都认可它对儿童发展的重要价值。维果茨基甚至认为游戏和学习是一体两面的，游戏"以浓缩的形式包含了儿童发展的所有领域和自然趋势，并且游戏本身是儿童发展的一个主要源泉"（Vygotsky 1978，p.102）。虽然对博物馆从业人员来说，游戏的益处以及它在博物馆活动中的价值还是一个较新的命题，但他们在实际工作中已将其作为一种重要的方法了，而且越来越重视这种方法。

儿童通过游戏来理解世界，比如，他们会在观看《彼得·潘》（Peter Pan）时假装自己是一个海盗，也会在看到父母为节日派对烘焙甜点时手里"搅拌"着假想出来的面糊。又比如，在公园里看到一件陌生的东西时，或在商店里发现一个新设计的麦片盒时，儿童总会通过游戏进行探索和想象。这时候，物件就会成为儿童假想世界的一部分，被他们重新构想。

通过与儿童的日常生活相联系，我们可以发现很多利用艺术来吸引儿童深度学习的机会。以展项"巨型陀螺"为例，我们可以先介绍玩具陀螺的玩法，让孩子们用木制陀螺做试验，仔细观察陀螺的转动以及慢慢失去动力倒向一边的过程。经过不断尝试和试错，儿童可以总结出让陀螺保持直立并旋转的窍门。再经过仔细观察，他们还能找出陀螺的运动模式，并基于在游戏过程中观察到的事情发现更多奥秘。这个阶段的儿童靠直觉来理解世界，能捕捉到很多信息，而通过语言表达出来的只是其中一小部分。儿童生来具有探索和想象的本能，这可以帮助他们理解事物运行的方式，进而为之后的学习积累背景知识。如前所述，游戏是一种独特的学习方式。

案例导入

陀螺是一种深受世界各地儿童喜爱的玩具，这个实物教学案例的核心正是一组适宜儿童玩耍的陀螺。在这个游戏里，儿童不仅可以通过玩具陀螺获取很多信息，而且还将以它为起点思考展项"巨型陀螺"。

认知发展理论认为，游戏有助于儿童的学习。我们需要给儿童留出时间和空间，让他们自由地玩耍，观察、尝试各种材料。当儿童可以充分地参与游戏、主导游戏时，他们将从中获益，进而提升学习的动力，发现更多学习的机会。在活动中，可以先给儿童留出一些玩耍的时间，这可以让他们与同主题的艺术作品建立更多有意义的联系，所以，在这个案例的一开始，记得要让孩子们进行探索和玩耍。

在儿童玩耍之后，家长、博物馆教育工作者或者学校教师可以提出一些简单的问题，鼓励儿童思考他们见到的事情：你是如何让陀螺转起来的？你都用了哪些窍门？如果你从一开始就把它们侧向一边，会发生什么？你能描述一下陀螺转动时上面的颜色是什么样的吗？你发现了哪些变化？你的陀螺最有意思的一点是什么？这个一问一答的互动过程应该是自然生成的，而不是成人主导的。同样，在儿童体验展项"巨型陀螺"时，也可以问类似的问题。

体验艺术

通过一两个简单的问题，将活动从木制陀螺过渡到展项"巨型陀螺"（图8.1）上：如果一个艺术家钟爱转动的陀螺，那他/她的作品有可能是什么样的？或者他/她可能会创造出怎样的艺术作品呢？让儿童来分享他们天马行空

图8.1 位于伍德拉夫艺术中心卡罗尔·斯莱特·西弗利广场的展项"巨型陀螺"深受儿童的喜爱。为了激发博物馆户外空间的活力，海氏艺术博物馆引进了这个由墨西哥设计师赫克托尔·埃斯拉韦和伊格纳西奥·卡德纳共同创作的在地艺术装置。

图源：由Abel Klainbaum拍摄

的想法，同时告诉他们不同的艺术家会用各自不同的方式来演绎陀螺。可以利用这个很好的机会来和儿童简要地讨论一下什么是艺术家，特别是与学龄前儿童进行讨论，因为他们很有可能对博物馆、对艺术知之甚少。还可以简单地和儿童交流一下"想象力"这个概念，介绍人们表达想法的各种方式，比如，通过文字或是绘画、雕塑，或者是通过表演（舞蹈、音乐、戏剧）等方式。儿童会从中充分理解想象力的概念，并乐于分享自己曾经的奇思妙想。

不论是在海氏艺术博物馆的户外广场，还是在其他什么地方，初次见到"巨型陀螺"的人们都会留下深刻的印象，儿童更是会露出惊喜的表情，欢呼雀跃地表达自己的兴奋之情。这是你所期待见到的吗？你会用什么词来形容这件艺术品？你觉得钻进陀螺里面转动会是什么感受？这些巨大的陀螺和刚才玩的木制陀螺一样吗？有哪些不一样的地方？你喜欢这件艺术品的哪些方面？一般情况下，人们都会被这件艺术品的超大体量以及强烈而丰富的色彩所吸引。这时候可以先让儿童充分地玩耍、体验这个展项，然后再通过一些开放性的问题与孩子自然地互动，听一听每个人的反馈。儿童会随口说出自己观察到的东西，比如尺寸、形状、颜色或者这个展项的其他属性。还可以进一步拓展成他们的思考，如在这些陀螺之间作对比。对比确实需要更加审辩和高阶的思维，但大部分儿童是可以找出异同的。

这件艺术作品的独特之处在于它欢迎所有人钻进艺术作品内部，体验像陀螺一般旋转。这种体验不仅是难忘的，而且能让大多数儿童感到兴奋、刺激。儿童在与这件艺术作品互动的过程中能感受到自由探索的快乐，这种互动体验本身就能让儿童沉浸其中。在此基础上，我们依然可以利用一些简单的问题来进一步拓展他们的学习，比如聊一聊艺术家选了哪些材料、配了什么颜色、用了何种结构。这个时候，最好能让儿童去观察陀螺转动时颜色和形状的变化：艺术家的陀螺上的颜色是如何变化的？和你刚才玩的陀螺一样吗？

进一步延伸和收尾活动

在这个实物教学案例的收尾阶段，可以向儿童介绍另一种理解巨型陀螺的方式，即通过触感与艺术品建立联系。从着重于颜色和材料的艺术创作到对运动动作的持续探索，我们可以给儿童提供丰富的动手体验。比如，给他们一个架子，鼓励他们用色彩丰富、深浅不一的布条、绳子、纱线自由创作，缠绕出一件自己的艺术品。或者让儿童发挥想象力和创造力，用各种形状的拼贴材料设计一个多彩的陀螺。还可以组织一个表演活动，让儿童一边听着音乐一边像陀螺那样转动——慢慢地转、急速地转、踮起脚来转或者像花样滑冰那样贴着地面转。我们可以描述不同类型的动作，让儿童跟着指令去做，在语言和动作之间建立联系，这时候要提醒儿童仔细听清指令，避免晕头转向，安全是第一位的。可以把孩子们分成几组，在其中一组做动作时让其他孩子进行点评，几组儿童有序地轮流做动作。还可以加上几条彩色的围巾，给整个活动增添视觉表现力。从最初的体验陀螺旋转到参与以上这些活动，孩子们的思考得以延伸、丰富，我们也可以就此与他们一起讨论艺术家的技巧或者巨型陀螺的运动方式。

展项"巨型陀螺"一定会给孩子留下深刻而持久的印象。关于这件艺术作品，你会记住什么？你今天学到了哪些新知识？你之前知道有的艺术品其实是可以钻进去的吗？最后再带着儿童一起欣赏一下这件雄伟的艺术品，让孩子用手假装比出一台相机，"拍张照片"，留下更深的记忆。相信多年以后，他们一定还会时常回忆起这次难忘的陀螺体验。

海氏艺术博物馆在户外广场上设置了一系列大型艺术作品，用以探索如何在博物馆展厅之外向观众提供参与艺术体验的机会。展项"巨型陀螺"是其中的第二个项目。人们很高兴能看到博物馆用32个色彩鲜艳的真人大小的旋转陀螺填补之前的广场空地。"巨型陀螺"成为许多孩子的大型游乐场，他们在陀螺与陀螺之间奔跑嬉戏，玩遍了每一个陀螺，坐在上面旋转兜风。有的孩子把围挡起来的陀螺当成私密空间，与朋友共进午餐或者和父母一起阅读。这个展项给博物馆观众带来许多艺术创作的机会，很多家庭都参加了编织工作坊，或是在广场上做了一些造型奇特的旋转雕塑，还有的人通过绘画来捕捉陀螺旋转时的精彩瞬间。

妮可·克罗马蒂，博物馆教育工作者，家庭项目主管，

海氏艺术博物馆，2015年

实物教学案例2：艺术

第二个实物教学案例将通过日常生活的视角探索艺术中的叙事，与此同时帮助儿童理解一个重要的历史概念——"随着时间而产生的变化"。《洗衣妇》（*Laundry*）是爱德华·马奈在1875年的作品，表现了洗衣服这种常见的家务劳动。然而对21世纪的儿童来说，作品展现的场景却和他们平时见到的有很大反差，至少西方国家的人们已经不像画里那么洗衣服了。尽管带有一定的历史语境，这幅绘画

作品所描绘的故事依然对儿童很有意义，它可以为大多数学龄前儿童提供各种不同的参照物，帮助他们对比画中的生活和现实生活。我们还可以让儿童对画中的故事进行解读，特别是通过一些他们熟悉的东西，分享个人的观点以及他们对这个世界的理解。

实物教学案例：艺术作品中的日常生活——搓衣板和晾衣夹

艺术品：《洗衣妇》，爱德华·马奈，巴恩斯基金会美术馆（Barnes Foundation），费城

马奈这幅创作于1875年的印象主义作品描绘了一位母亲和她的孩子的日常生活。在画中，他们正在清洗衣服，孩子认真地盯着木制洗衣盆，看着母亲拧干衣服上的水；在画面的后方，衣服被搭放在绳子上晾干。

背景信息和核心策略

儿童通过讲故事和叙事的方式来学习。约翰·福尔克和林恩·迪尔金在2000年发表的研究认为，这种学习方式源于社会文化信息的传播。如前所述，他们的研究强调了叙事在儿童生活中的重要性，将其视为儿童表达想法、捕捉记忆的一种手段，并进一步提出"语言描述是一个人构建系统知识的基础素材，人们通过它来组织、阐释、预测自己理解的世界"（ibid., p.48）。

研究表明，儿童在很小的时候就会被故事所吸引。不论是与他人的接触，还是阅读到的儿童文学作品，他们都是以故事的形式获取信息的。儿童在生活中会接触到各种形式的叙事，既有对简单的日常的社会互动的描述，也有亲朋好友讲述的关于文化传统和家庭历史的生动故事。在儿童很小的时候，他们就知道生活是由故事组成的，故事是一种表达个人思想和想法的方式。有了这样的认识，儿童在表达自己的想法和与他人交往的过程中也会参考故事的形式。故事可以吸引孩子的注意力，它结合具体的语境赋予想法更多的意义，进而激发孩子更多的兴趣。叙事是儿童理解并交流想法的基础。

儿童还会发现，除了言语这种最常见的方式，人们还可以通过手势、动作和一些图像来讲述故事。通过表演和艺术，儿童开始学习如何将动作和图像转化成表达观点的言语。

案例导入

我们可以从《洗衣妇》所表现的主题中找到很多值得探索的内容。在这个实物教学案例的一开始，先向儿童介绍画作主题的相关内容，为接下来的仔细观摩和艺术体验作准备。这时候，我们可通过一些小的实物教具来提升儿童的注意力和兴趣。以下这些建议值得参考。

对于没怎么来过艺术类博物馆的儿童，我们可以先拿出一些绘画作品中出现过的实物作为教具，比如，棉线衣绳、向日葵、木制洗衣盆、一件与画作中的衣服差不多的衣物。然后让儿童仔细观察绘画作品以及这些实物教具，讲讲他们在画面中的哪些地方看到了这些东西。虽然这一步看上去很简单，没什么创意，但非常适合那些初次来馆的学龄前儿童。

新奇的东西总能引起儿童的兴趣，继而激发他们的好奇心。对于这个案例而言，可以在简单的活动之后用一些晾衣夹和一个老式的搓衣板来引出一个稍微复杂些的活动。虽然这些东西不那么常见，但儿童依然可以利用一些方式来认知它们，一种方式是通过游戏，另一种方式是依靠在幼儿园的经历。儿童在幼儿园里见到过画板上的纸就是用晾衣夹来固定的。他们也可能在儿童读物里见过晾衣夹，比如，《三只小猫》(Three Little Kittens)(Galdone 1986)里的手套是用晾衣夹挂起来晾干的。做这些事的目的是鼓励儿童认真观察，解读绘画作品所呈现的故事，思考与这幅作品有关的其他物件（有的物件在画面中出现了，有的则没有）。这么做能够鼓励儿童认真思考。

接下来就可以正式上课了。首先拿出一组晾衣夹，最好是各式各样的，然后让儿童调动自己的感官去揣摩这些晾衣夹：当你看到这些东西的时候，你想到了什么？当你仔细观察或者触摸了其中一个晾衣夹后，你有没有发现一些有趣的事情？关于这些东西，你还知道什么？晾衣夹有很多不同的使用方法，你能想到哪些？虽然大多数孩子并未经历过画中所描绘的洗衣服场景，也就是说这并不是他们的已有认知，但一般而言总会有一个孩子甚至几个孩子跳出来说出晾衣夹是用来把衣服挂在晾衣绳上的，他（们）的举动促进了大家的讨论和学习。这种与同龄人分享想法的做法正如维果茨基所言，学习是在社会交往过程中实现的。

以上这些对晾衣夹的探索和讨论活动，为接下来欣赏马奈的作品奠定了基础。教育工作者应当谨记一点：要让儿童来主导整个过程，非正式的、对话式的体验是最有效的。

体验艺术

艺术体验环节要从认真观察这幅作品开始。因为《洗衣妇》尺寸较大、色彩鲜艳，所以儿童在看到它时一定会激动不已。在教育工作者提问之前，可以因势利导，借助于儿童自然流露出的反应开启一段讨论，使他们的注意力集中在作品的主题上：当看到这幅绘画作品时，你首先注意到了什么？你知道画家用这幅作品讲了一个故事吗？你能找到画家留给我们的故事线索吗？想一想我们开始时见到的那些晾衣夹，虽然你可能在这幅绘画作品里没找到它们，但你能找出它们和画面故事的联系吗？说说你的想法。

当儿童注意到画面中的母亲、孩子、洗衣盆以及挂在晾衣绳上的衣服时，他们就能明白《洗衣妇》所讲述的故事了。我们可以从画面中母亲拧干衣服上的水这个动作来切入整个故事：你认为画面中正在发生什么事？谁正在干活？如果把这幅画比作一本书里的某一页，你觉得这之前发生了什么事？如果我们继续翻这本书，这之后又会发生什么事？除了现在从画面上看到的事情，我们一起来讲讲整个故事吧！

在孩子们你一言我一语地分享自己的想法、一起补充故事时，我们可以拿出一个老式的搓衣板，帮助他们了解更多关于手洗衣服的事。要鼓励儿童提出问题，也要提供关于搓衣板的其他信息，必要时可以解释一下它的用途、示范它的用法。在进一步探索和讨论之后，我们可以玩一个想象力游戏，让儿童假装用搓衣板洗衣服、假装把洗好的衣服晾在绳上。这个过程很像《三只小猫》或者其他类似故事中的情节，学龄前儿童会非常热情地投入到游戏中。

收尾活动

这个活动补充了《洗衣妇》所描绘的故事，一旦儿童参与了故事的共同创作，他们就可以进一步讲述发生在自己身上的关于洗衣服的故事了。不同的儿童会讲出不同的故事，有一些是真实发生的事，有一些则是想象出来的。当儿童沉浸在自己的故事中时，鼓励他们回家和自己的祖父母甚至曾祖父母一起聊聊：在他们（祖辈）小时候，家里是怎么洗衣服的？他们见过搓衣板吗？家庭成员间代代相传的故事对年青一代和年老一代都弥足珍贵，它很可能成为铭记终生的美好回忆。

巴恩斯基金会美术馆的教育工作者这样说道：

爱德华·马奈的《洗衣妇》可以让儿童去探索艺术作品中的叙事，这些作品都陈列在巴恩斯基金会美术馆的展厅和教室中。孩子们可以自然而然地与艺术作品建立联系，通过认真观察、深刻沉思来反观自己的故事。

关于这个实物教学案例，还有一项深受喜爱的活动，那就是泡泡画。儿童会讨论到洗衣服所需要的物品，然后把这些材料——肥皂和水——与颜料混合起来，做成一种有趣的肥皂混合物，用它吹出五颜六色的泡泡。学龄前儿童会用吸管吹泡泡，然后用一张白纸去接住泡泡，随着泡泡的破裂，纸上就能留下五彩斑斓的泡泡轮廓。泡泡画这个游戏带给孩子们的感官探索，连同对马奈的绘画作品的艺术欣赏，将给儿童留下难忘的记忆。

实物教学案例3：艺术

第三个实物教学案例的侧重点是儿童用熟悉的物件进行艺术创作。这些随手可得的物品很容易被认出就是我们日常生活中常见的东西，但却与艺术作品有着意想不到的联系。对于儿童来说，看到一些熟悉的东西被用在艺术品中发挥独特作用，是一种令人兴奋的体验。美国国家美术馆里由考尔德创作的动态雕塑，是用金属丝、海玻璃和一把简易的钥匙做成的，它看上去就像一条鱼。儿童对这件艺术品很感兴趣，不仅因为它是用那些材料做成的，更是因为它的体量和真正的海洋生物差不多。同样，在史密森学会旗下的美国艺术博物馆（Smithsonian's American Art Museum）里有一只用瓶盖做成的长颈鹿，对孩子来说也是既熟悉又独特的。在这件艺术品中，金属瓶盖被用来代表动物身上的斑点。随着儿童对艺术是什么、如何创作艺术有了更多的理解，艺术将被赋予新的意义，帮助儿童推开想象的大门，开启兴奋无比的创作之旅。

实物教学案例：奇思妙想——艺术作品中那些随手可得的物品

艺术品：《无题——带黄鸟的鸟舍》（*Untitled*，*Aviary with Yellow Birds*），赫希洪博物馆和雕塑园

艺术家：约瑟夫·康奈尔，美籍

材质：木头、软木塞、颜料，前面是玻璃、后面是纸板的木盒子，时间：收藏于1948年

展出历史：华盛顿特区史密森学会旗下的赫希洪博物馆和雕塑园。隶属于展览"事物的核心：关于收藏的新观点"（At the Hub of Things: New Views of the Collection），展期为2014年10月16日至2016年4月24日，无编号。

背景信息和核心策略

儿童带着好奇心和生动的想象力来到这个世界。想象是一种能力，它可以帮助孩子理解所经历的事情。爱因斯坦早在1929年时就曾认识到这种能力的价值，他说"想象力比知识更重要。因为知识是有限的，而想象力却包罗万象。想象力可以推动社会的演进"。韦氏词典中对"想象力"一词的定义——"一种对当下没有感知到的事物或从未出现在现实世界中的事物赋予精神层面形象的行为或能力"（Merriam-Webster Dictionary 2015）——可以印证爱因斯坦的论断。想象力可以帮助儿童思索新知、探索未知，寻求更多可能性。当儿童开始想象各种可能的时候，他们会尝试各种想法，作出各种发现，构建起对世界的认知。带着想象力的思考可以使儿童超越有限的经验，想象力的背后是更高层次的思维，这对在现实生活中解决问题至关重要。

约瑟夫·康奈尔的这类作品也被称为"影子盒"，它可以让观众联想到艺术作品里出现的日常之物。虽然这些影子盒总是蕴含着一些复杂的深意，但观众依然可以进行个性化解读。因为这些影子盒是由日常之物制成的，所以儿童可以通过对日常之物的了解来判断出这些艺术品所要表达的基本主题。儿童当然也会对艺术品里用到的日常用品感兴趣，会用这些物品编造故事。康奈尔的这些艺术作品可以激发儿童利用身边的物品进行创作的灵感。

案例导入

和其他一些使用简单的为人熟知的物品来进行创作的艺术家一样，康奈尔在创作影子盒时用到的东西通常包括维多利亚时代的小摆件、酒瓶的软木塞、旧相片、书刊剪画、纽扣、瓶盖、碎布头、塑料盖、勺子和叶子、松果、树枝等天然材料以及其他一些廉价的小玩意儿。面对儿童观众时，可以拿出一组看得见摸得着的日常用品来引导他们从更多角度思考康奈尔的艺术作品。博物馆教育工作者可以根据自身的实际情况，为这个实物教学案例选择不同的物品。

　　接下来就可以和儿童一起讨论了。首先铺上一块黑布，摆放好你准备的"那些随手可得的物品"，让所有的孩子都聊一聊这些东西：你看到了什么？关于这些物品，你都知道些什么？这里有没有你不认识的东西？你觉得这些物品都是什么呢？从这些东西中挑出四五件来，让儿童找一找共同点，也可以让他们编个故事，把展示出来的所有东西都编进故事中。举个例子，比如，先挑出四五件能代表自然的东西（一颗松果、一片叶子、一根树枝、一朵小花），然后问孩子：这几样东西有哪些地方是一样的？或者以"庆祝生日"为主题，拿出一张纸杯蛋糕的照片、一把塑料勺子、生日蜡烛、一小片礼品包装纸、绶带，问孩子：当你看到这些东西摆放在一起时，你会想到什么？拿出一块带框的硬纸板，把刚才展示出的东西都摆进去，做成影子盒的样子。然后告诉儿童，这个世界上有一些艺术家会用这些日常生活中的物品来进行艺术创作，约瑟夫·康奈尔正是其中的代表人物，我们接下来就会欣赏他的作品。别忘了在走进展厅欣赏《无题——带黄鸟的鸟舍》之前，先带着儿童读一读珍妮特·温特在2014年出版的绘本《康奈尔先生的梦幻盒子》（*Mr. Cornell's Dream Boxes*）（Jeanette Winter 2014）。

体验艺术

　　在正式开始展厅活动之前，可以邀请儿童来扮演一名博物馆侦探：我们一起来找找约瑟夫·康奈尔的艺术作品吧！你还记得我们刚才说过他的作品有什么特别之处吗？帮助儿童想到康奈尔创作时会用到的盒子和物品。为了帮助儿童找到那件特定的作品，我们可以给他们一个小小的鸟巢作为提示：这个东西是一条线索，可以帮我们找到这件约瑟夫·康奈尔的作品。通过这条线索，我们能知道什么？

　　有了这条线索，孩子们可以轻松地找出我们接下来要欣赏的《无题——带黄鸟的鸟舍》。带着儿童仔细观察这个影子盒里摆放的物品，让他们都说说自己的想法，想想艺术家在创作作品时都做了什么：如果由你来继续创作的话，你会再添加哪些东西？提醒儿童回想《康奈尔先生的梦幻盒子》中的情节，问问他们还记不记得每次在创作影子盒之前，康奈尔先生都梦到了什么。

当展厅的体验活动接近尾声时，可以再带着儿童欣赏一下康奈尔的其他影子盒。如果恰巧其他的盒子没有被展出，就拿出这些作品的照片给孩子们看，告诉他们康奈尔还创作了很多主题各式各样的影子盒。

收尾活动

在这个案例的收尾环节，我们要准备各种各样的日常之物来让儿童进行艺术创作。告诉他们，每个人都可以成为艺术家，请仔细观察这些东西，从中挑出四五样来，做一件自己的作品。同时要给儿童提供刚才活动中用过的那种硬纸板，让他们创作影子盒。在实施这个活动的时候，可以多准备几张桌子，摆放各种不同的物品，把孩子们分成不同的小组，每个小组围着一张桌子做活动，每张桌子都配上一名成人提供协助。

一定要鼓励儿童去思考他们挑选物品的原因：你选的这几样东西有什么共同点吗？能给我讲讲吗？你做的这个盒子讲述了什么故事？可以适当提醒他们之前讲到的那两个例子——关于自然的故事和关于生日的故事，鼓励他们运用自己的想象力去编故事。

在孩子们都做好了自己的盒子后，就可以办一场小型展览了。告诉儿童，约瑟夫·康奈尔的影子盒可以展出，他们做的这些盒子同样也可以做成展览。

实物教学案例4：艺术

第四个实物教学案例要探讨的是动态雕塑，其目的是鼓励儿童去思考艺术作品是否能动起来。大多数学龄前儿童已经通过素描和绘画对艺术有所了解，但动态艺术对他们来说仍然是个新概念。虽然很多儿童对艺术的体验已经不限于二维平面，甚至包括了三维立体，但他们所接触到的艺术几乎都是静态的。这个案例的内容就会挑战儿童固有的认知，带给他们全新的体验，而这种体验一定会伴随着激动、兴奋和新的发现。

实物教学案例：艺术作品中的运动

艺术品：《四立方体簇》（*Cluster of Four Cubes*），乔治·里奇，美国国家美术馆雕塑园（National Gallery of Art Sculpture Garden）

乔治·里奇从20世纪40年代开始创作动态雕塑。受建构主义艺术和动态雕塑艺术家考尔德的启发，他研发出了自己的一套运动系统。基于这套系统，他的作品在微小的气流变化下就能动起来。乔治·里奇的动态雕塑在几何图案的有序变化和随机运动之间形成了有趣的对话。

在这个雕塑中，四个硕大的立方体借由滚珠轴承被悬置于细长臂上，而这些细长臂乃经由中心支柱分叉而来。每个立方体都经过精确权重和平衡，以保证哪怕最轻微的风都可以吹动它们。这些立方体在风中"滑翔"，互相擦肩而过，就像在跳一种复杂多变却优雅无比的舞蹈，使人全然感受不到它们笨重的体量。

美国国家美术馆，2016年

背景信息和核心策略

运动是儿童生命中必不可少的部分。人们不难发现，运动与儿童探索、体验世界的天性息息相关。在运动中，儿童可以与周围的环境产生互动，调动自身的感官来积累知识。运动和感官探索淋漓尽致地体现在儿童的游戏中。正如皮亚杰所指出的，"游戏是儿童最重要的工作"（Piaget 1951）。受杜威、布鲁纳、维果茨基等建构主义教育家的理论影响，在21世纪，人们已经将体验、游戏、运动整合到儿童的学习方法中［Dewey（1938）1963；Bruner 1960；Vygotsky 1966］。

儿童对运动有一种天然的亲近感，这种亲近感不仅促使他们与周围的世界互动，还让他们认识到运动是自己生活的重要组成部分。我们从儿童对那些活动的非生命体（如不停旋转的吊扇或者第一节提到的那种儿童旋转陀螺等）的痴迷中就不难发现这一点，当这些物品运动时，儿童往往会留意关注。

同理，对能动的生物，大多数情况下儿童也会产生兴趣。比如，相较于依偎着毛绒线球睡觉的猫，儿童会更加关注那些正在玩毛绒线球的猫。运动总能带来新奇和意想不到的变化，这可以激发更多的学习兴趣。

案例导入

儿童可以根据自己的经验和直觉判断出：有的东西本来就会动，而有的东西则一直不动。我们将在这个案例的导入环节探讨这个概念。首先，将一组形状各异的木块（如长方体、立方体、圆柱体）放在一块黑布上，让儿童来描述这些物体：对于这些物体，你知道些什么？让每个孩子都谈一谈个人在积木和搭建方面的经验。接下来，也可以问问他们，某个木块是否可以移动？如果可以移动，会怎么移动？大多数儿童都能反应过来，意识到木块是无法自己移动的，它需要在外力的作用下才能移动。

继而可以再问几个简单的问题：什么是运动？你能告诉大家"运动"指的是什么吗？每个孩子都会积极参加这个活动，热情地展示自己的身体动作。把儿童三三两两分成几组，让他们每个人想出一种运动的形式，并展示给自己的组员看。要确保每个孩子都展示了自己的动作。在这个过程中，教师可以点明每个孩子做的动作是大动作、小动作还是加进来的别致动作，借此鼓励儿童认真观察同伴，注意看每个动作的类型。并提醒儿童，有的东西可以自己动，有的东西则不能；而有的东西，我们以为它不会动，却意外地发现它其实会动。

体验艺术

在正式观看雕塑之前，可以通过提问把儿童的注意力集中到运动的概念及其与这件艺术作品的关联上：你认为艺术作品能动吗？一幅画能动吗？一只精美的罐子呢？一座雕塑呢？让儿童说说他们的想法和经验，然后带着他们走进美国国家美术馆雕塑园，欣赏乔治·里奇的作品《四立方体簇》。当你仔细观察这座雕塑时，你看到了什么？教师需要知道的是，这座雕塑上的立方体也许第一眼望去就在动，也有可能要过几分钟才动起来，这完全取决于当时的风力。

当雕塑上的立方体有了明显的动静时，请儿童将它们与导入环节的那些木块作对比。拿出其中一个方形木块，问问儿童：它和雕塑上的方块一样吗？有何不同？学龄前儿童应该能轻松地列举出两者之间的许多不同点，如大小、颜色乃至材质、光泽度等。不出意外的话，个别孩子还能注意到雕塑上的方块在运动。当有人提及这一点时，要让儿童顺势开始讨论方块是如何运动的：为什么雕塑上的方块能动，而我们摆在这里的木块却动不起来呢？

孩子们的回答也许千奇百怪，但这没关系，重要的是这个过程有助于培养更高阶的思维——儿童正在对雕塑作出假设。当儿童提出不同的可能性时，要通过提问讨论来探求他们的想法背后的依据，以及与他们已有认知之间的联系。儿童理解事物、形成认知的能力源于过往的经历，这种能力使他们得以在事物之间作出比较、建立关联，进而在思考的过程中形成判断。在此次提问讨论中，教师可以用到发条玩具、风车等物品。特别是当一些孩子提出雕塑上的方块之所以能动可能是因为安装了马达等动力装置或者是被风吹动的时候，就可以给儿童解释艺术家的创作意图了。乔治·里奇当时的创作理念就是利用微风来使方块动起来，这一点和儿童的猜想不谋而合。与此同时，别忘了也验证一下其他有价值的想法，这样儿童下次才会愿意冒险分享出自己的想法。要告诉孩子们，他们提出了许多很棒的点子，其中有一些正是艺术家当年考虑过的。

对话讨论只是艺术体验环节的一部分，要想让儿童更清晰地记住艺术作品，就需要让他们模拟雕塑运动时的样子。先找出四个孩子来表演，让其他儿童做观众。请这四个孩子像雕塑上的四个方块那样运动：把你们自己想象成雕塑上的某一个方块，想想看你会如何运动？你怎样才能让自己的身体像直边立方体那样运动？雕塑上的方块在很快地运动还是很慢地运动？把自己想象成雕塑的一部分，随风摆动。在我们扮演的这个"雕塑"里，你觉得为什么要有四个孩子？在这四个儿童表演时，要让其他孩子描述看到的情形，然后调换位置，让每个孩子都有机会模拟雕塑。

收尾活动

乔治·里奇的《四立方体簇》是众多动态雕塑中的一个。关于艺术和运动，我们还可以向儿童介绍其他艺术形式和艺术家。比如，由克里斯·波顿创作的动态雕塑《大都市2》（*Metropolis II*）就是另一个很好的案例。这座雕塑现藏于洛杉矶郡立艺术博物馆（Los Angeles County Museum of Art，LACMA），受到了各年龄段观众的喜爱。它"以狂热躁动的快节奏都市为蓝本，模拟了一套由18条道路组成的精密复杂的系统，其中有一条路竟然是六车道的高速公路"（LACMA 2016）。给儿童展示这座雕塑的照片，和他们一起讨论一下雕塑所表现的城市是如何运转的。然后，可以播放一小段网上的影片，让儿童感受一下雕塑动起来的样子。这时候孩子们肯定会非常好奇，想知道雕塑里的东西都是怎么动起来的，老师们一定要为此作好准备哦（小提示：主要靠电动传送带和磁铁）。

可以使用视频片段或者图像来给儿童展示其他动态艺术的例子，一定要选亚历山大·考尔德的作品。比如，收藏于美国国家美术馆的《鳍鱼》（*Finny Fish*）（1948）一定可以引起儿童的兴趣。先带着孩子们一起看一会儿这个雕塑的照片，然后讨论这条鱼运动起来是什么样：它和真的鱼有什么相似之处？又有哪些不同？这个雕塑的哪一部分能动？它是怎么动起来的？

当然，前面第一节提到的展项"巨型陀螺"也是一个很好的例子，它的运动原理有别于《四立方体簇》。对于儿童来说，艺术品能动真是件太有意思的事情了，我们可以找出大量的例子来说明这一点。

在结束这次活动时，可以邀请孩子们运用自己富有创造力的思维去想象能动的艺术品：想象你是一位艺术家，正在创作一件会动的艺术品。你会通过画什么来表示这些艺术品是动态的呢？在你的作品中，什么东西能动起来？在开展这个活动时，要提前准备白纸和彩笔。在孩子们把他们的所思所想画下来后，要记录下他们对自己作品的描述。最后鼓励儿童去和家人、朋友分享自己的想法。

结语

与21世纪之前的参观习惯形成鲜明对比的是，如今越来越多的学龄前儿童和家庭把艺术类博物馆列为自己的出行目的地。当越来越多的人相信儿童可以在博物馆中学习、可以从丰富的视觉体验中获益时，全社会也就对博物馆产生了更多更广泛的兴趣。在年幼时接触艺术对人大有裨益，儿童对艺术品的赏析可以反映出他们的经历。虽然这些经历无法与那些成年的艺术批评家相提并论，但有一点可以确信，那就是艺术同样可以对儿童产生有意义的影响。早年的艺术体验可以滋养孩子的一生，它不仅可以增强儿童学习的信心、培养儿童观察的技能，还能丰富他们的词汇、激发他们的创造力，奠定他们与博物馆之间持续终身的关系。

因为有越来越多的儿童开始参观博物馆，教育工作者也在不断发展和完善自身的技能，以满足这些新兴观众群体的需求。随着博物馆从业人员分享他们的想法，开发出一系列示范活动，"基于游戏的学习""讲故事""基于实物的体验"等都被证明是吸引儿童观众的有效策略。经验丰富的教师都知道，这些策略相互补充、同时使用可以达到很好的效果，能成功吸引儿童并激发他们的学习兴趣。

　　实物教学法所代表的正是一种围绕具体物件的基于感官体验而设计的有效策略，它充分利用了儿童的学习方式。儿童经历有限，这造成他们在欣赏艺术家的作品时难免存在一定的困难。而实物教学法不仅可以很好地弥补这种缺陷，而且能帮助儿童找到艺术赏析的切入点。在帮助儿童更加充分地探索艺术的过程中，我们有很多物品可以选择，玩具陀螺、晾衣夹、生日蜡烛、木块只是其中很小的一部分。借助于实物，我们可以开启对艺术的讨论，帮助儿童将艺术作品和已有经验、知识联系在一起，并在欣赏艺术作品的过程中进一步激发他们的思考。

第九章　文化类博物馆与实物教学法

文化使人心胸开阔、思想宽广。

——贾瓦哈拉尔·尼赫鲁

导言

众所周知，儿童生活的圈子很小，一开始仅限于他们自己和家庭，后来才扩展到当地社群。一个人的家庭仪式、节庆和传统往往反映着文化信仰与习俗，儿童通过观察、参与其中而一点一点开始理解自己的文化，与文化建立起联系。文化既是内隐的又是外显的，有时候它是流露于亲友言语间的蕴藉，有时候又是大白于天下的奔放。在儿童对纷繁复杂的自身文化加以吸收内化的同时，他们也塑造了个人的身份认同，并为接下来超越自己的文化去探索、理解他人的文化奠定了基础。欲知人者，必先知己。诚如贾瓦哈拉尔·尼赫鲁（1961）所言，对更多文化的了解使人"心胸开阔、思想宽广"。

接触舒适圈之外的文化，可以让儿童将自己对世界的认知与不太熟悉的内容两相对比。举例来说，在华盛顿特区史密森学会旗下的美国国立印第安人博物馆里收藏着印第安人使用的摇篮板。让儿童亲眼看到这些摇篮板，亲耳听到印第安人如何用它携带婴儿的故事，一定会挑战儿童的固有认知，拓展他们的思路，激发他们去思考各种各样照顾婴儿的方式。同样，当你漫步于苏格兰国家博物馆（National Museum of Scotland），看到设得兰提琴，聆听从中流淌出的苏格兰传统或当代曲调之后，也会耳目一新，更加理解为什么有的人如此钟情于自己的文化传统。再比如，通过参观夏威夷的毕夏普博物馆（Bishop Museum），我们可以了解那些扎根于夏威夷传统的儿童游戏，其中一些至今仍在儿童的生活中扮演着重要角色。这样的参观体验可以让来自其他地方和文化背景的儿童去欣赏、思考不同于己的风俗习惯。通过与自身经历加以对比，儿童可以更好地理解所感受到的陌生文化体验。在儿童探索其他文化的习俗和传统时，作为博物馆人或者相关从业者，我们可以给儿童示范出一种开放包容的精神和对他人处事方式所抱有的好奇心———如尼赫鲁所谓的"开阔的心胸"。

参观博物馆可以拓宽儿童的视野，但根据相关研究，走马观花的游览并不足以让儿童真正理解种族、语言和文化问题。有研究表明，开诚布公的讨论可以塑造儿童的价值观以及对事物的理解（Bronson and Merryman 2009），而非言语形式的展示其实很难传达特定的价值观和信仰。

路易斯·德曼–斯帕克斯和朱莉·奥尔森·爱德华兹都是反歧视领域的专家，她们在2012年曾指出，"针对特定个人或社会身份的偏见、误解和歧视会构筑隔阂"，人们对此可以通过对话交谈及其他有意图的体验来加以正视。这种方式同样有利于帮助儿童建立起"对自我的正面认知和对他人的理解尊重"（pp.6–7）。教育工作者吸收了这些研究成果，掌握了引导儿童思考敏感话题的恰当方法，就可以支持他们在博物馆里探索与文化相关的物件和概念。

文化类展览和文化机构

实物教学法的目标是鼓励儿童联系过去的经历，带着更加宽广的视野思考问题。只有当我们借助于实物教学法去促进儿童的学习、扩大他们的知识面时，这一目标才最有可能实现。通过与儿童熟悉的世界建立关联，我们可以帮助儿童拓展世界观，为他们积累新的经历。

接下来提到的实物教学案例框架包含本章中的内容和这本书里的所有活动，教师们在实践中应用时要时刻记住：儿童的好奇心随时有可能影响活动的进程，把活动引向计划之外的方向。在这种情况下，儿童会沿着源自本心的探求欲望生成个人经历，而这种经历的记忆往往更加深刻。

实物教学法中用到的一些物件虽然乍一看并不是学龄前儿童熟悉的东西，但如果能借助于恰当的富有意义的背景介绍，还是可以和儿童的个人经历产生共鸣的。所以，只要能挑选出与儿童经历有关联的物品，博物馆教育工作者就可以开发出足以增长儿童文化见识的好活动。

实物教学案例1：文化

游戏在每个孩子的生活中都不可或缺，它使儿童得以探索其他文化。在总结了关于游戏的研究之后，蕾切尔·怀特博士提出了通过游戏来学习的案例，并且指出"不论世界上哪个地方，基本上任何一个孩子都要玩耍"（White 2012，p.5）。这一具有普遍意义的推断为接下来的第一个实物教学案例提供了讨论框架。

实物教学案例：遍布全球的游戏

文化类展览："非洲之声"（African Voices），国立自然博物馆，华盛顿特区

"非洲之声"是本馆的常设展览。这个展览贯穿古今，旨在审视非洲地区的民众及其文化在家庭、工作、社区和自然环境等方面所呈现出的多元包容、勃勃生机和全球影响力。这里既有博物馆收藏的古代的、当代的物件，也有外借而来的雕塑、织物和陶器。

史密森学会，国立自然博物馆，2016年

非洲文化通常被当成一个整体，人们常常会忽视这片大陆其实是由54个不同的国家组成的事实。在这一个个国家中，又有多元的族群、习俗、文化和历史。当我们带着儿童一起探索像非洲文化这样的异域文化时，很容易在无意间就带上了或者强化了某种刻板印象。但我们还是要珍惜这样的机会，引导儿童去了解这片美丽又多彩的土地。虽然不同的儿童因自身的经历、文化和传统差异而对非洲文化的各个侧面有不同程度的了解，但有一个主题一定是所有儿童都感兴趣的，那就是"游戏"。在这个案例中，我们将向儿童介绍马拉维（Malawi）。虽然这个地方和美国有很大差别，但通过对游戏的讨论，孩子们依然可以从中找到一丝熟悉的感觉。

在史密森学会旗下的国立自然博物馆里，大型展览"非洲之声"陈列了一些贫瘠乡村的儿童玩具。这些玩具富有创意，都是利用可回收材料制成的。其中一种被称为"galimoto"的玩具，用的是天然植物材料和穿破的人字拖、喝完的可乐罐、线缆等废弃材料。马拉维人非常聪明，用这些可回收材料做成了玩具汽车、翻斗车、自行车甚至飞机。在村子里当然买不到商店里出售的玩具，所以马拉维人就动手做galimoto给孩子们玩。在展览中，博物馆同时展示了这些材料本来的面貌和被非洲人做成玩具之后的样子。

背景信息和核心策略

在儿童的世界里，游戏是一种无可比拟的本能。游戏有很多种形式，如玩一件东西，或者假装扮演某个角色。孩子们有时候和其他人一起玩，有时候自己一个人玩。不论是理论层面还是实践层面，游戏都有重要的教育意义。杜威曾写过大量关于学习的文章，也研究过儿童的游戏。他认为儿童在游戏时会和周围的环境发生互动，也会通过游戏学到很多知识。在文章中，杜威指出，儿童天然地对"对话、交流、提问、发现、制作、搭建、艺术表达"感兴趣（Dworkin 1959，p.61）。儿童的这些兴趣与他们与生俱来的好奇心息息相关，在游戏中能得到淋漓尽致的体现。

虽然杜威提出的这些儿童天生感兴趣的活动在很多关于游戏的文献中得到过全面的阐述，但在这个实物教学案例中，我们主要聚焦于其中一项活动——制作。在当今的教育领域，"制作"这个词有个新的含义，指的是"自发参与的与科学、技术、工程、艺术、数学（STEAM）相关的创造性生产生活"（Brahms and Wardrip 2016，p.6）。"制作"的意义在于给学习者提供实验、想象、创造和测试想法的机会，它是建构主义学习理论的自然延伸。

创客风潮印证了杜威的这一观点。这一风潮出现在儿童博物馆、科学中心、艺术类博物馆、早教中心等场所，甚至已成为美国很多教育机构的标志性特征。在这些机构中，儿童博物馆一马当先。匹兹堡儿童博物馆（Children's Museum of Pittsburgh）的创客空间营造出对儿童友好的环境，体现了博物馆"玩真家伙"的设计理念。在这一理念的指导下，博物馆在所有的展项和活动中采用的都是真实的材料、真正的工具和正式的步骤（ibid.，p.7）。不论是在博物馆还是在教室，"制作"都是一种颇受重视和认可的学习方法。"制作"活动通常会使用开放式问题，对结果不加限制，承认失败也是一种收获，鼓励进行迭代，重视参与过程（ibid.，p.7）。经常利用创客空间开展活动的教师都知道，"创客空间的关键要点是信任儿童，相信他们有能力使用各种材料"（Bresson and King 2016/2017，p.25）。这个道理也同样适用于儿童游戏。

创客学习所秉承的理念和方法与儿童对游戏的理解不谋而合，而它仅仅是儿童的众多探索性游戏中的一种。游戏能让儿童有机会进行实验和创造，也是他们生活中最自然的组成部分。儿童对世界的理解主要来自于自己过往的经历，他们非常以自我为中心，所以也默认别人跟自己有一样的看法。如前所述，游戏是一种超越地域的普遍性概念，儿童借由游戏可以想象世界上的其他地方。不论世界各地对游戏的定义是什么、游戏的条件有多大差异，它都是每一个孩子生活中的重要组成部分。

在21世纪，游戏以及它在学习中的重要价值得到了全球各地研究者和教育者的认可（White 2012），它已经被博物馆作为吸引儿童观众的重要策略。通过加深自身对游戏的理解以及把基于游戏的理念和博物馆参观体验相结合，教育工作者能够打开思路，在博物馆所讲述的故事、所陈列的物件和儿童观众之间建立起更多联系。

案例导入

利用介绍galimoto的机会，我们可以通过精心设计一些简单问题来开启一段贯穿整个活动的对话，鼓励儿童去思考自己和他人生活中的游戏：什么是游戏？游戏的时候需要哪些东西？关于游戏，孩子们总会有讲不完的故事，比如比赛游戏、假装游戏、积木游戏、文字游戏等。在这次讨论中，儿童一定会提到布娃娃、玩具餐盘、积木、小球之类的玩具，这个过程能帮助他们认识到物件是游戏的重要组成部分。某些情况下，儿童在讲述游戏中的物件时也会提到日常生活用品。要鼓励儿童深入探讨游戏中用到的玩具及其他物件。

这次讨论的目的是引入接下来要参观的展览"非洲之声"，在这个展览中陈列了加纳、博茨瓦纳、马里等非洲国家的自制玩具。让儿童想一想他们平时玩的玩具都有哪些类型：你有哪些类型的玩具？它们是从商店买来的还是在家里动手做的？设想一下，当你只能有几件简易的玩具的时候，你会做什么来让自己的玩具丰富起来？这是一种问题解决式的活动，孩子们会展现出无穷的创造力，我们也可以借此过渡到正式的展览参观环节。

体验展览中的故事

带着儿童一起来看展览中的展品，让他们都来聊一聊自己观察到的东西。孩子们马上就会注意到玩具汽车、翻斗车、飞机和自行车，可以问儿童：这些玩具看上去像不像你玩的玩具？它们和你的玩具有什么相同之处和不同之处呢？通过几个开放式问题，引导儿童深入讨论下去：当你看到这些玩具时，你注意到了什么？你认为它们是用什么做成的？有哪些线索可以帮助我们更深入地了解这些玩具以及它们的制作过程？

接下来向儿童介绍并解释galimoto这个概念。这个词在非洲国家马拉维的官方语言奇契瓦语中是"车"的意思，同时也用来指代一种由儿童制作的推车玩具（Williams 1990）。不必对地点作过多解释，只要告诉儿童这些玩具来自一个遥远的国度，是那里的人做出来的。在向儿童解释概念的时候，要用交谈讨论的语气，这样可以给他们留下更深的印象。根据参与活动的儿童年龄以及这次参观的时间限制，可以尝试找来Galimoto这本书，读上几页其中的内容或者简单讲讲这本书的故事。然后进一步开展讨论，问问孩子们对书中儿童的遭遇和感受有什么看法：为什么盒子里的东西对康迪那么重要？为什么康迪需要运用想象力才能做出玩具？教师还可以继续引导儿童去比较自己和康迪及康迪的朋友的生活经历：你和康迪及康迪的朋友有哪些相同之处？他们经历了哪些你未曾经历的事情？

收尾活动

最后，可以用一个"制作"活动来呼应流行于美国博物馆界的创客风潮。邀请儿童动手做一个玩具，告诉儿童他们首先需要想象出要做什么以及它看起来会是什么样子，然后思考会用到哪些材料。教师应提前准备种类丰富的材料，比如，废弃的或者可回收的物品（瓶盖、线缆、塑料瓶、绳子、纸板、纽扣、雪糕棒等）和儿童使用的工具（剪刀、记号笔、胶水等）。在儿童操作的过程中，教师要询问他们的想法，激发他们的创造性思维：你会在游戏中如何玩你新做的这个玩具呢？教师切记要在活动中提供适当的指导，以确保儿童安全地使用工具。

邀请儿童在教室中也办一场像"非洲之声"这样的展览：用自己身边的可回收材料制作玩具，并把这些玩具展示出来呈现背后的故事（正如"非洲之声"中那些加纳、博茨瓦纳、马里、马拉维人动手做玩具的故事）。当孩子的父母、朋友参观展览时，孩子们可以自豪地讲述自己的创作。

展览"非洲之声"和儿童读物Galimoto都通过游戏的概念与儿童建立联

系，但这种游戏又不同于他们平常的经历。在他们生活的世界中，到处充斥着流水线上批量生产的玩具。通过介绍遥远地方的人们的传统和文化，我们可以帮助学龄前儿童拓展视野。

实物教学案例2：文化

儿童在年幼的时候主要透过眼睛、借由辨别异同点来认知周围的世界。通过自己的观察和体会，儿童可以了解到世界是多么复杂，一个事物竟然可以有那么多种形态，为便宜行事而起的名字或贴的标签只是认识事物的起点。举例来说，一个篮子可大可小，可以由各种各样的材料制成，也可以承担许多功能。看上去差异很大的东西，有可能同属"篮子"这个概念的范畴。词典里"篮子"一词的通用定义是"用于装盛或携带东西的容器，通常由藤条或金属丝编织而成"，这涵盖的只不过是"篮子"这个概念的表层部分。

通过媒体、书籍和与他人的交往，儿童认识了很多复杂、综合的概念。早晨饮用的橙汁不仅是一件从商店买来的商品，它其实来自一片长在温暖土地上或温室里的橙子树。当儿童把日常之物与它们的源头相联系时，就会发现许多新的意义。在认识其他文化的过程中，儿童所拥有的强大学习工具就是观察的能力、建立关联的能力以及最终将新信息与已有认知进行比对的能力。

实物教学案例：司空见惯的葫芦与精美无比的文物

文化类展览：夏威夷展厅（Hawaiian Hall），毕夏普博物馆，檀香山，夏威夷

毕夏普博物馆始建于1889年，其宗旨是保护、分享夏威夷及太平洋地区的自然史和文化史。在这125年间，我们向世人介绍夏威夷，也帮助夏威夷人了解全世界。今天的博物馆珍藏着2400多万件历史、文化、自然精品。

每一件藏品的背后都有值得讲述的身世。这2400多万个承载了夏威夷及太平洋地区人民历史和文化的故事，可以帮助我们更好地理解我们这片遗世独立的岛屿天地。

毕夏普博物馆，2017年

毕夏普博物馆夏威夷展厅里所陈列的珍贵文物可以帮助儿童拓展对物件和文化的思考。展厅里摆满了代表夏威夷及太平洋地区居民历史的各色文物，如羽毛披风、乐器、珠宝、容器、海船、睡觉的窝棚等。这些物品大部分都是用葫芦、植物纤维、鲨鱼的牙齿、鸟的羽毛等天然材料做成的。尽管这些物品是本地文化群体所特有的，而且在许多方面甚至是全球独一无二的，儿童依然可以从中找出一些熟悉的关联。

背景信息和核心策略

视觉学习的概念在今天的博物馆界已很常见，特别是在艺术类博物馆中，但它同样适用于历史类和科技类博物馆。人类利用视觉来记录变化、识别细节、发现异同、解读世界的能力是一种非常强大的学习工具，它在儿童很小的时候就会自然产生。这种精细观察的基本技能对儿童至关重要，有了它，孩子才能在日后探索基础概念，进而形成更为深入的理解。

建构主义理论认为，学习的发生需要儿童将新的体验与自己的已有认知联系起来。杜威格外强调通过体验获取到的知识对未来学习的重要影响（Dewey 1916），而皮亚杰则专注于儿童在头脑中把新经验与已有认知进行对比和整合的过程，他将知识的构建过程称为"同化"和"顺应"。不论是杜威还是皮亚杰，他们都强调儿童通过体验来了解世界，依靠自身的感觉特别是视觉来学习。体验是儿童的老师，不论过去的还是现在的体验都是学习发生的必要条件。

案例导入

在儿童进入展厅之前，我们可以通过一个热烈的欢迎仪式和引人入胜的参观介绍为接下来的活动奠定积极的基调。新奇的体验本身就会点燃儿童的兴趣，如果成人此时能营造出轻松愉快的氛围并表现出浓厚的兴趣，孩子们会更加兴奋。

在这个案例的导入环节中，将用到一个神秘的盒子。盒子里装着一件孩子们不知道的东西———只新鲜的葫芦。这种把东西先藏起来的策略对儿童非常有吸引力，它可以激发他们的好奇心。让孩子们都来猜一猜盒子里装的东西，告诉他们这件东西将是接下来展厅参观的线索：盒子里有什么？我们能确定盒子里是什么吗？虽然看不到里面藏着什么，但我们现在可以知道哪些信息？这些问题一开始可能对孩子们有些困难，但只要成人稍加引导，这种探索就会变成对儿童有意义的体验：我们如何判断这里面的东西重不重？又怎么才能知道它大不大呢？这里面有一个东西还是有好几个东西？鼓励儿童通过拿起盒子或者轻轻摇晃盒子来猜测里面装的东西，判断它的重量和数量。成人可以一边表现出好奇，一边鼓励儿童去想象、猜想盒子里装的东西。

在介绍性的讨论环节结束之后，就可以打开盒子，拿出里面的葫芦展示给所有孩子看了。给孩子们充分的机会运用他们的感官去接触、感受、摸索这件物品，问问他们在探索的过程中用到了视觉、听觉、味觉、触觉、嗅觉中的哪些感觉。让孩子们互相分享个人关于葫芦的知识、经验和看法，在自然的聊天过程中适当加入一些信息以加深他们的理解。比如，可以告诉儿童韦氏词典中"葫芦"一词的定义是"一种不可食用的水果，外皮坚硬，有许多种子长在藤蔓上……通常用于装饰或者制作成碗等物品"（2015），这样做能帮助儿童在后续参观过程中把新鲜葫芦和干葫芦联系起来。

接下来引导儿童进一步探索，拿出一组不同形状和大小的干葫芦，让孩子们去作比较。先拿出一个形状、大小和刚才盒子里的新鲜葫芦差不多的干葫芦，带着儿童一起讨论，对比这两个葫芦的异同。在对比的过程中，儿童一定会注意到二者之间在重量、质地、颜色甚至气味上的差异。记得要告诉孩子们，许多地方的人们包括生活在夏威夷及太平洋地区的人们都会把葫芦当作一种重要的天然材料，会把新鲜葫芦晾干后做成工具、容器或者其他日常生活中要用到的东西。在之后的展厅参观过程中，孩子们会将展厅里的文物与导入环节中的葫芦建立起关联。

体验展厅里的文物

博物馆参观环节的关键词是"发现"。可以让儿童扮演成展厅侦探，带着任务去寻找用干葫芦做成的文物。提醒儿童要找的文物和导入环节中介绍过的那些干葫芦相类似。当孩子们找到这些文物后，要花些时间讨论儿童对这些文物的观察和思考。在毕夏普博物馆的夏威夷展厅，儿童可以看到乐器、水瓶、盛放谷物的大容器、项链等东西。孩子们可以从大多数东西中轻松找出葫芦的影子，但也有些东西和葫芦的关系不易被一眼就看出来。每当孩子们认出一件文物时，就可以用一些开放式问题鼓励他们去思考这件物件以及物件背后的使用者或艺术家：你会用哪些词汇来形容这件东西？它可能被用来干什么？你认为它是怎么做出来的？你觉得它是艺术家独一无二的创作还是批量制作的？可以利用这个机会向儿童介绍手工制品和生产制品之间的差别。在结束展厅参观之前，拿出一些由葫芦做成的展厅文物的照片，鼓励儿童继续讨论。这些照片将加深这次博物馆之旅给儿童留下的记忆，让他们去对比特定文物之间的异同。

收尾活动

我们可以从很多方面去丰富儿童的展厅参观体验，从音乐入手是个不错的选择。如果展厅里陈列了与音乐相关的文物，我们就可以让儿童去体验用葫芦做成的乐器，如金瓜鼓[1]和沙锤[2]，或者让儿童去体验夏威夷音乐、舞蹈以及和着鼓点的吟唱。我们可以购买一个真正的金瓜鼓，让儿童去亲身体验它，模仿或者自创一段金瓜鼓乐曲中常用的鼓点。还可以配合着视频里的音乐，让孩子们一个传一个地演奏金瓜鼓。暂时没传到的小家伙可以通过轻拍自己的身体来打着节拍。通过观看在线视频以及上述活动，儿童渐渐熟悉了伴随着吟唱和鼓点的夏威夷舞蹈。

同样很受欢迎但价格相对便宜的葫芦沙锤也可以丰富儿童对葫芦乐器的理解。在添加背景音乐以增强体验感之前，可以先让儿童用沙锤创作一些不同的节奏形式。在一开始必然会有一些购买乐器的支出，但实际上这些成本并不算高，有很多东西可以通过网购获得。而且除了这次活动，买来的乐器还可以用于以后的其他活动中。

如果无法找到能用的乐器，也可以考虑用"种子艺术课"在文物和葫芦之间建立联系。劈开一个新鲜葫芦，给孩子们看看里面的葫芦种子，告诉他们这些种子会被晾干，而干掉的种子留在葫芦里，就是葫芦声响的来源。所谓的"种子艺术课"，就是让儿童用胶水把各种不同种类的水果种子粘在方纸板上，创作美丽的图案。从市场上、杂货店里买来的种子也好，花园专用的成包种子也罢，不论是什么种子，都是儿童进行探索和对比的理想材料，这些种子可以用来与这个案例讲到的葫芦建立联系。

实物教学案例3：文化

众多向儿童介绍人类的多样性和包容性的文献有一个共同的中心思想——"人与人之间虽然千差万别，但本质上是一样的"（Derman-Sparks and Ramsey 2006）。

---

1 译者注：一种类似于非洲鼓的夏威夷传统打击乐器。
2 译者注：一种用葫芦做的打击乐器，通常用于提供节奏。

种族和民族认同是在人的幼年形成的，教师们都知道这一点，因此也有责任让儿童理解不同族群在本质上是共通的，要尊重多样性。人在幼年时对种族和民族问题的讨论和经历，将直接塑造他们日后的信仰和行为。因此在和儿童说起种族和民族问题时，要引导他们将"多元并包"视为与诚实、公正一样的珍贵品质。

博物馆中陈列的文物给儿童提供了一个独特的讨论机会，使其能够在了解有关种族和民族认同的重要概念之时探索"同与不同"的理念。文物可以激发儿童思考社会中的行为举动，也可以让儿童关注种族身份等在家长看来比较有挑战性的话题。不论怎样，最后都要让儿童能够深刻理解到：人与人之间虽然有所差异，但更多的是共性。

实物教学案例：尊重厨房中的多样性

文化类藏品：美国国家历史博物馆，华盛顿特区

莫利尼略[1]是一种墨西哥的搅拌器，最早是由西班牙殖民者做出来的。这种工具通常用来搅拌巧克力，给巧克力饮品打泡。巧克力中含有大量不溶于水的可可脂，在范·豪尔顿发明液压机之前，人们只有不断搅拌巧克力，才能保证饮品"水乳交融"的状态。一般来说，单人使用的杯子搭配小号的莫利尼略搅拌器，而大号的搅拌器往往用于搅拌锅里的巧克力。

理想情况下，我们在活动中需要用到的东西可以随时找到或者一直在展出，但事实上情况并非总是如此。有时我们可能需要发挥创造力，来找出其他能服务于教学计划的物件。只要教师肯花心思、肯下功夫，就一定能找到。刚才提到的莫利尼略是一种特殊的物件，我们可以在全美各地的很多博物馆中找到它，也可以在墨西哥的市场上或者网上买到它。它既能代表过去，也能代表现在。在这个案例中，我们将用到一件来自美国国家历史博物馆的莫利尼

1　译者注：西班牙语音译。

略，虽然它有可能此刻并没有被展出。

背景信息和核心策略

儿童是天生的主动学习者，拥有旺盛的好奇心，这种积极学习的特质体现在他们利用感官和身体探索周围事物的行为中。最好的主动学习状态是全身心地投入知识构建的过程中，努力了解周围的世界及其运行方式（Dewey 1916；Duckworth et al. 1990；Hein and Alexander 1998）。

为了协助儿童主动学习，教育工作者需要以儿童为中心，让他们可以在互动学习的过程中观察、发问和探索。要想吸引儿童观众深度学习，博物馆就需要给他们创造机会，让他们从个人经验出发，通过多种感官体验来促成深入的理解，形成长久的记忆。

案例导入

首先拿出一个装着各色厨房用具的篮子，这些工具可以是打蛋器、木勺、捣碎器、压蒜器（或者柠檬榨汁器）、搅拌器、抹刀、削皮刀等。要保证所有参加活动的儿童人手一件，哪怕有些孩子拿着同样的工具也无妨。儿童很快就会认出其中的大部分工具，知道它们的用途，虽然有可能叫不出某件工具的准确名称。

花几分钟看一看篮子里的一两个物件，然后让儿童简单说说他们看到的东西：我的篮子里装着什么？你一般会在哪里见到这些东西？如何使用它们呢？然后向儿童解释，这些都是厨房里的工具，可以让做饭变得更简单。有些是今天的人们才会用的新工具，有些则是在很早以前就开始用的。拿出打蛋器举例，首先邀请儿童做出打蛋的动作，然后为儿童模拟使用打蛋器的样子，最后再演示打蛋器的工作原理。需要让孩子们理解，在没有人使用的情况下，工具是不会自己工作的。而要搞清楚工具的使用方法，就必须仔细观察它们。

在每个孩子面前的地板上都摆上一件工具，给孩子们一两分钟去探索他们分到的工具，然后让他们把手里的工具放回到地板上。请孩子们轮流演示如何使用他们的工具，分享自己对这件工具的看法，然后把工具放回篮子中。孩子们一定意犹未尽，老师们可以向他们承诺，在整个活动结束后还会再给他们时间探索这些工具。

实物探索：新的与旧的，熟悉的与陌生的

首先告诉儿童，厨房用具对每个家庭都很重要。这个世界上有各种各样的工具，有一些是他们熟悉的工具，有一些则不太熟悉。比如莫利尼略并不是美国儿童普遍都认识的工具，但有些儿童可能因为其自身的文化传统和经历而熟悉它。如果博物馆里恰好正在展出一件莫利尼略，可以顺势把孩子们的注意力集中到这件物品上，也可以手持一件用来教学的莫利尼略展示给孩子们看。请孩子们仔细观察这件物品，用一些开放式问题引导他们一起探究讨论：当你观察这件莫利尼略时，你注意到了什么？你觉得这件物品最有趣的地方是什么？你认为它是如何使用的？你有什么疑问？大多数儿童对这件物品知之甚少，所以他们的回答可能五花八门。鼓励儿童解释自己的想法，要对每个孩子的回答都给予正面的肯定，特别是当孩子的回答建立在他们认真观察的基础上时。是什么促使你这么想？通过这样的辅助指导，儿童可以获得元认知意识，也就是对自己思考问题的过程和方式进行反思的能力。

如果参加活动的儿童中有知道莫利尼略的，就请他/她作为专家，进行介绍和演示；如果没有，就由教师亲自示范如何用它来搅拌巧克力，同时告诉儿童这件工具常见于墨西哥、哥伦比亚、菲律宾等国家的家庭中。还可以向儿童展示不同形态的巧克力，顺便介绍儿童熟悉的其他工具如打蛋器，带着儿童一起对比这两个工具的相同点和不同点。这时候孩子们一定跃跃欲试，非常想亲自操作一下莫利尼略。

收尾活动

儿童喜欢用大人的炊具来做饭，可以向儿童介绍制作热可可的不同方法（在儿童活动中，可以不用那么烫），让儿童来搅拌、混合巧克力饮品。如果条件允许，最好准备一个小号的打蛋器或莫利尼略。这样，孩子们就可以借此对比适合单人使用的厨房用具和用于大批量制作的工具之间有什么异同。

把椒盐脆饼干、葡萄干和麦圈混在一起，再淋上巧克力汁，就做好了一道简单的零食。这道零食连儿童都可以制作，他们在制作的过程中需要测量、混合，再把混合好的零食舀到小纸杯中。在这个活动中，教师可以选用迷你杯，这样可以避免儿童摄入大量糖分，也能让他们多品尝几种不同的味道。孩子们一定很乐意去探索、制作、品尝各式各样的巧克力饮品和零食。

关于"文化与儿童"的宝贵经验

对事关文化、语言、公平等敏感话题的讨论虽然不那么容易，但对儿童的发展至关重要。各种类型的博物馆都可以利用自身的馆藏资源涉及这类话题，即使有时候馆藏和文化、社会没有直接的关联。科技类博物馆可以带着儿童感受自然界里的多样性，让他们知道：蝴蝶虽然形形色色，但因众多相同的特征而归属同一科目；人与人之间虽有差异，但更多的是共性。艺术类博物馆可以利用某些适宜的图画或工艺品与儿童聊聊社会公正以及那些受孤立、排斥的边缘人群的感受，比如，从美国国家美术馆中的罗莎·帕克斯肖像画讲起，鼓励儿童学会批判性的反思，进而学会对他人的遭遇产生同理心。

只有当引导讨论的教育工作者本身了解文化问题并且可以警醒地辨别出其中潜在的刻板偏见、虚假幻象、文化剽窃及其他缺陷时，围绕敏感话题的讨论才有助于儿童的理解。在家长和教育工作者引导儿童学会面对复杂社会的过程中，博物馆有能力向他们提供支持，进而改变儿童的生活。

结语

博物馆提供的文化体验非常广泛，有助于丰富和拓宽儿童对世界的认知。比如，博物馆里的非洲头枕、中国瓷枕可以与儿童更为熟知的由柔软材料制成的枕头形成有趣的对比。由掏空的原木做成的独木舟与中国的龙舟大相径庭，但二者都可以扩展儿童对"船只"一词的思考。一种文化中司空见惯的东西，有时候在外人看来却是异乎寻常、前所未见甚至有些令人费解的。

文化体现在生活中的每一项传统、每一个仪式和每一次活动中。通过对比不同文化中的某些特定活动，比如，为小孩子庆生，可以突显文化间的共性与差异。一般而言，跨文化的体验对于儿童来说都是新奇的。在博物馆的努力之下，儿童可以发展出对文化多样性的积极态度和丰富理解，知晓人与人之间既是相同的也是不同的。

在博物馆中，儿童有丰富的机会去探索那些足以拓宽视野的概念。位于佛罗里达州德尔雷比奇的森上博物馆和扶桑花园（Morikami Museum and Japanese Gardens）可以让儿童身临其境地体验日式茶道，而纽约的美国自然博物馆则通过戏剧表演、动手活动和展厅参观等方式让参与的家庭感受全球文化。儿童在博物馆中可以一窥他人的生活，借由世界各地的艺术品、工艺品，将其他文化与自己的生活建立联系。

史密森学会旗下的美国国家非裔美国人历史文化博物馆（Smithsonian's National Museum of African American History and Culture）等文化机构，应当鼓励儿童和家庭探讨一些富有挑战性的话题。在最新一期的《博物馆教育期刊》中，儿童教育专家安娜·欣德利和朱莉·爱德华兹指出，"博物馆拥有独一无二的优势，可以借由实物和藏品开启儿童的讨论，向他们阐释关于种族认同、社会正义、多元包容等概念的复杂性"（Hindley and Edwards 2017, p.13）。这些讨论将对儿童产生特别重要的影响，帮助他们形成积极面对过去与未来的态度。

博物馆教育工作者拥有很多机会去帮助儿童拓宽视野，加深对世界与他人的理解。当教育工作者致力于开展与文化有关的活动时，谨记要理解文化事件、了解专家们时下最新的观点，以便更好地支持处于价值观塑造阶段的儿童。

在博物馆中，教育工作者可以发现：很多之前未曾留意的文物原来拥有巨大的潜力，可以丰富儿童看待世界的视角。经过认真思考，他们还能找到许多吸引儿童和家庭讨论重要社会问题的契机。研究结果提醒我们，欲知人者，必先知己。带着这样的理念，博物馆从业人员才有可能塑造儿童在社会议题上的核心价值观，秉承"文化使人心胸开阔"的宗旨来策划活动，并为美国儿童的全面发展作出贡献。

第四部分

博物馆外的
实物教学法

第十章 幼儿课堂（幼儿园班级）里的实物教学

> 不要给孩子一些东西去学习，而应该给他们一些事情去做；做事就意味着需要思考，然后，学习就自然而然地发生了。
>
> ————约翰·杜威

导言

尽管儿童早期学习本质上被认为是非正式学习，却常常与正式的课堂学习联系在一起。随着学前教育越来越普及，以及很多开端计划[1]的项目与公立学校建立起合作关系，我们也就很容易理解为什么儿童早期学习的蓬勃发展会被看作正式教育变革的一部分了。

现如今的儿童早期学习领域虽然萌生了一些新的趋势，但总体上依旧将杜威的教育思想奉为圭臬，教育工作者都认可"学习是儿童主动的行为"。杜威曾断言"做事就意味着需要思考"，这一点受到了教育工作者的普遍认同，即便在新思潮不断涌现的今天，它也还是渗透到了美国各地的早期学习课堂中。

回顾过去一个世纪以来幼儿教育的发展，我们可以很明显地看出：福禄培尔、蒙台梭利、杜威、皮亚杰等教育家的理论体现在很多新的趋势中，这些新的想法旨

---

1 译者注：开端计划是美国历史上第一个由联邦政府创办的为低收入家庭的儿童提供学前教育和保健服务的综合性计划，该计划的目的是追求教育公平，改善人群代际恶性循环。

在呼吁人们更加关注不断发展变化的社会需求。随着人们越来越关注脑科学研究，并且了解了更多关于认知发展的知识，全社会对早期学习的兴趣达到了新的高度。到了21世纪，早期学习领域呈现出前所未有的勃勃生机。美国社会在强调学前教育的同时，还制定了完善的实践标准和规范。

现在的家庭在为孩子寻找早期学习项目时面临多种多样的选择，比如，受瑞吉欧幼儿园启发而创立的项目、主打"基于游戏的学习体验"的幼儿园、传统的幼儿园、蒙台梭利学校，等等。不管是哪种教育模式，它们的教育实践在结合学前教育传统的同时，也都反映了人们借由脑科学研究、其他学术研究和实验项目等渠道积累了更加丰富的早期学习知识。

21世纪的早期学习理念和实践

美国国家幼儿教育协会（下文简称全美幼教协会）在美国早期学习领域扮演着领导者的角色，为早期教育实践设立了评判标准，"这些标准以儿童发展和学习的相关研究以及教育效果的评估数据为理论基础，简要描述了促进儿童学习和发展的最佳实践"（Copple and Bredekamp 2009，p.1）。作为美国早期教育的权威机构，该协会与高校、专业组织和多个协会密切合作，编制了一份立场声明，为一线教育工作者提供了指引。该协会还从早期教育领域广泛收集数据，以确保这份文件能反映时下的社会实际情况和问题。

在当今世界，儿童早期教育工作者普遍认同以儿童为中心的体验式学习方式。教育工作者不仅强调游戏的重要价值，认为天生的好奇心是儿童学习的原动力，而且还广泛承认：只有让儿童有机会通过多种感官去体验，自己动手探索和发现，才能达到最好的学习效果。杰出的早期学习项目都强调，最重要的是尊重每个儿童和家庭，关注每个人的需求、价值观和信念。

大多数教育项目都秉承杜威的观点——从做中学。"儿童是主动的学习者和实践者"的理念被应用于课堂教学实践，同时也是早期学习项目的基本教育理念。尽管市面上存在很多教育思想和理论模型，但其中最受认可的仍然是建构主义学习理论。包括杜威、维果茨基、皮亚杰、布鲁纳和加德纳在内的众多理论家都为这套理论提供了思想基础。

物件在幼儿课堂中的价值

幼儿园教师和小学教师都认同"通过实物来学习"的教育理念，也都非常重视物件在课堂教学中的作用。教室里有用于拼搭的积木、用于科学探究的放大镜和自然标本、用于角色扮演的餐具和服装以及用于户外活动的球，还有不同用途的容器，里面装有适合动手操作的各种材料或小物件。幼儿教室的每个角落几乎都充满了各种各样的物件，如果没有这些物件，很难想象一间幼儿教室会是什么样。然而，不同课堂利用实物来教学的具体方式千差万别。一些教育工作者会在创设学习环境时把物件作为道具，而另外一些人则更强调通过仔细观察、对比和探究来深入探索物件。

传统的博物馆教育是后者，即深入探索物件，而不是把物件作为道具。博物馆强调儿童对物件本身的好奇心，以及他们了解相关信息的求知欲。如果教育工作者关注物件背后的故事，并鼓励儿童深入探索物件，那么就需要向儿童示范好奇心，提出问题，并让他们通过仔细观察和多感官探索来寻找答案。儿童在多次经历类似体验后能够学会这种学习方法，并把它应用到未来类似的学习体验中。这种教育理念的妙处在于它符合儿童通过自发行为所表现出来的天性。向儿童示范如何探索和展开对话能鼓励他们思考自己的学习过程，掌握这些探索和学习的方法并在未来的学习中有意识地运用。

博物馆视角：用实物教学丰富幼儿课堂

从人工制品、自然标本到艺术作品，各种类型的物件都为儿童深入探索物件背后的故事和思想提供了独特的机会。当遇到原课程计划外发散出的新问题或课程中涉及的临时主题时，这种教学方法可以为儿童的探索过程增加新的维度。如果教育工作者能采用实物教学，儿童便能通过全新的、不同的方式来探索和学习。在早期教育领域，教育工作者可能会发现实物教学与项目制学习有一些相似的特征。

本章为幼儿园和小学课堂策划基于实物的学习体验提供了几个示例，有些是基于特定主题的学习，有些则是从儿童的兴趣或与儿童的对话出发，引导他们进一步探索和讨论。

勺子：相同与不同

在幼儿园的教室里，有很多关于"相同和不同"的对话。接下来的这个实物教学案例是在毕加索的画作《美食家》（*Le Gourmet*）启发下展开的，幼儿园的孩子们围绕它进行了对话。在这堂课上，他们不仅探索了"相同"的概念，还了解到了世界的复杂性。

在一间经常摆放着艺术版画的教室里，有一天，角色扮演游戏区突然出现了一幅新版画，孩子们很快便注意到了它。它是来自美国国家美术馆的毕加索的画作《美食家》。孩子们对它非常好奇，他们谈论着画里的各种事物——那个孩子、碗、服饰，尝试从自己的角度去解读这幅画中正在发生的事。在教师的引导下，儿童开始了一场小组讨论，每个人分享自己对这幅画的理解，并通过各种各样的问题表达着自己对其中一些元素的好奇。他们会把这幅画的内容与自己的生活联系在一起，猜想画中的孩子在吃早餐或者做蛋糕。讨论过程中还会提到勺子可以用来吃东西或是搅拌，这就为接下来的实物教学做好了铺垫。此次实物教学的主题是："所有的勺子都一样吗？"不出所料，在新奥尔良的这个幼儿园小班里，三四岁的儿童绝大多数都相信所有的勺子都是一样的。

为了回答前面提到的这个问题，老师带领儿童围绕一组勺子展开了探究式讨论。此次探索活动的核心问题是：所有的勺子都一样吗？这组勺子教具被放在一个装饰盒里，老师把它们逐个拿出来，一一介绍，并给孩子们时间观察、触摸和提问。孩子们分享了自己的观察。老师讲述了这些勺子背后特别的故事，孩子们在对话过程中说出了自己观察到的一些特征，这些特征帮助孩子把这些勺子与自己的过往经历联系在一起。其中一把薄荷绿色的冰茶勺是老师的祖母留下的物件，它的手柄末端的叶子形状吸引了孩子们的注意。他们觉得它太小了，边缘过于锋利；他们兴奋地研究着这个祖传物件。一把更大的手工木勺因为手柄末端的鱼雕而受到关注。孩子们对不同形状、构造和材质的勺子所呈现出的多样性也非常感兴趣，他们对一个用动物角做成的勺子表现出了明显的喜爱。

随着更多勺子被展示出来，孩子们积极地分享自己的观察并提出各种问题。在这项活动快结束时，那个核心问题再次被提起：所有的勺子都一样吗？原本的回答发生了改变，孩子们对这个问题有了全新的更复杂的理解——勺子不是都一样的。你的回答为什么跟之前不一样了？因为你在我们一起学习的过程中知道了什么？孩子们的回答体现了事物的复杂性。这些学龄前儿童热切地表达着自己在之前课堂经验基础上产生的想法，他们发现勺子可以有不同的尺寸、形状、颜色和材质。他们还提到了"功用"的概念，注意到勺子的设计、形状和尺寸与它们的用途有关。例如，过滤肉汤的勺子需要有孔以便让液体通过。由于对勺子有了全新的经验和知识，他们在分享自己的理解时表现得非常自信。

在这项活动过后，孩子们都很兴奋，老师基于他们的兴趣进一步拓宽了研究范围。接下来安排了个人以及小组与这组物件的互动时间，让孩子们有机会仔细研究每个勺子。当注意到有个孩子按照从短到长的顺序排列这些勺子时，老师鼓励周围的孩子讨论这种排列方式。这让孩子们开始自己探索或小组讨论，对这些勺子进行整理、分类和排序。他们想出了各种办法对勺子进行分组，先按颜色，再按大小。当勺子从小到大排列时，孩子们把它们与绘本《三只小熊》（*The Three Bears*）联系在了一起，认为这里包含了大、中、小三种勺子，非常适合熊爸爸、熊妈妈和熊宝宝用来喝粥。讲故事的方式配合这组勺子的使用，很自然地把孩子们带到了教室里的角色扮演区。这些好玩的体验对孩子们非常有吸引力，他们一整天都在讨论勺子，发现它们不一样，每把勺子都有自己独特的特征。

这个班级对勺子的研究还没结束，老师让每个孩子带一把勺子到课堂上，为了便于归还，还让他们在自己的勺子上贴好标签。许多孩子在家里发现了特别的勺子，了解了背后的家庭故事，并与同学们分享这些故事。老师还提供了额外的勺子，以确保所有孩子都能参与进来。在对如何排列进行了细致的讨论之后，这些勺子被精心设计并展示出来。当家长或其他观众走进这间教室时，这个展览成为了他们最感兴趣的话题。孩子们变身小讲解员，为他们讲解这些展品。

基于孩子们的想法，这项研究不断延伸，直到出现一个新话题。显然，即便整个班级开始探索新的项目，孩子们还是会对他们研究勺子的过程印象深刻，久久无法忘怀。

自行车：部分与整体

在发现周围的物件可以拆分成多个组成部分时，很多儿童都会感到非常惊奇。比如，时钟是由多个小零件组成的，每个零件都为时钟的整体运行发挥着自己的作用。再比如，汽车的设计也集合了很多不同的零件。不管是时钟还是汽车，当学龄前儿童发现物件可以拆分时，就开始意识到物件里面有他们平时看不到的内部运作。发现这个秘密之后，他们会开始带着全新的兴趣和好奇心去看待物件。对"部分与整体"的奇妙发现有时来自儿童自己的独立探索，有时则源于教师或家长精心设计的独特体验。

接下来这堂课的灵感来自一个幼儿园的经历，这段经历始于孩子们非常喜欢的一个故事——H. A. 雷伊（1952）的《好奇猴乔治骑自行车》（*Curious George Rides a Bike*）。课程一开始，老师拿出好奇猴故事中的一幅插画，画中描绘的是一个戴着黄色帽子的男人打开了一个大木箱，乔治急切地想要看箱子里装着什么（ibid., p.5）。老师用这幅画可以启发和鼓励孩子们思考和想象，让他们猜猜这个没有任何标记的容器里可能有什么。在读这本书之前，首先要讨论两个问题：你认为箱子里是什么？你为什么这么认为？这项练习的妙处在于，每个儿童都可以参与分享自己的想法，不用害怕说错。在这段对话中，几乎任何想法都能和这幅画描述的故事相匹配。

随后，老师把一个类似画中大木箱的棕色大箱子拿到教室里，向孩子们介绍这个箱子和乔治的箱子是一样的。老师让孩子们一起研究箱子里的东西，收集线索，看看到底是什么让乔治那么惊奇。孩子们不知道的是，这个箱子里装的是自行车的各种零件——金属齿轮、踏板、车轮、自行车链条、车把和塑料把手、老式自行车铃，等等。在老师的引导下，这些东西被逐个展示出来，每个零件用一两个问题来引出：这可能是什么？它是怎么用的？这个探索过程要从孩子最不熟悉的零件开始，比如齿轮，最后再到他们最熟悉的零件。孩子们在老师的辅助下一边探索箱子里的东西，一边讨论，交流彼此的想法。

当第一个物件被展示出来时，孩子们的想法和反应五花八门。从一个孩子们不熟悉的物品如齿轮特别是真实的齿轮开始，能让他们有机会想象并与周围的其他物件建立联系。虽然有的孩子可能会联想到自己平时游戏中的塑料齿轮，但从箱子里拿出来的这个东西缺少相关的情境，仍需孩子们进一步探索。

随着更多物件被从箱子里拿出来，对话会逐步展开。"到底是什么让乔治如此惊奇？"孩子们的猜想逐渐缩小范围，踏板、车轮等孩子熟悉的物品会为他们的思考提供线索。这个过程就像拼图一样，一块一块地拼起来。尽管"自行车"可能会在对话过程中很早就出现，老师还是要确保孩子们继续进行开放式的讨论：我们看看箱子里还有什么？通过它们，我们能知道什么？

当箱子里的东西被全部展示出来时，就要开始鼓励孩子们在多数人的猜想的基础上进一步思考了。如果它们是自行车的零件，要想骑这辆车，我们还需要做些什么？这些零件可以组成一辆自行车，这个概念对大多数孩子来说都很容易理解，它也为孩子们继续探索"部分与整体"的概念奠定了基础。把一些小东西放在一起组成一个新事物，孩子能很直观地理解这个过程，这和他们平时搭积木、创作拼贴画以及参与其他熟悉的活动差不多。

通过阅读《好奇猴乔治骑自行车》这本书，孩子们有机会仔细观察乔治的自行车，对比它的零件和课堂上的这些零件。乔治的自行车的轮子和我们这里的轮子有哪些相似之处？如果把这些零件组装起来，我们的这辆自行车和乔治的自行车看起来会是完全一样的还是会有什么不同？对比我们的零件和图片中乔治的自行车，你有什么发现？还可以通过带领孩子们去本地的商店观察自行车的组装过程来进一步探索这一话题。

为了继续探索"部分与整体"的概念，可以组织各种活动，让孩子拆装物品。举个例子，通过移动相框背后的卡扣就可以很容易地把一个相框拆开，孩子可以仔细研究它的每个组成部分——外框、有机玻璃插片、垫片和图画。还可以给出一个具体的挑战任务：怎么能修好这个手电筒？这种情况下，给孩子一个确定的目标和手电筒的各个零件，让孩子有足够的时间去试验。孩子可能会想要自己独立完成组装，或是跟朋友合作完成。

在这个案例中，"部分与整体"的概念是通过自行车零件和《好奇猴乔治骑自行车》的故事来引入的。其实，有很多种不同的方式可以引出这个主题。比如，带孩子在户外散步时，就可以借助于一些由多个部分组成的东西来引出这个主题：你觉得这个公园长椅包含哪些部分？能说说这个路牌由哪几部分组成吗？参观美术馆或雕塑公园时，也可以就某个雕塑的构成展开讨论：如果把这个雕塑的各个部分按照其他方式组合在一起，它看起来会有什么不一样？不管研究什么主题，似乎都可以与"部分与整体"的概念建立起联系。

前面的几个例子说明了如何在正式学习环境中应用基于实物的探索方法。在教室中探索物件和藏品可以从一个简单的概念开始，比如勺子或自行车零件，但也可以扩展到对展品、藏品以及博物馆的更广泛的理解。只要认真思考，再加上一点点创意，教师就可以发现这类学习机会比比皆是。用这种方法可以丰富课程的各个方面，也有助于找到更多孩子们感兴趣的话题。

案例分析：藏品、关联

位于西棕榈滩的棕榈滩日托学校的一年级教师团队把基于物件的探索作为学生学习的主要方法。在这所独立学校中，教师把对物件的深入探索和对藏品的使用融入了日常教学实践中。这不仅让学生有机会学习某些特定内容，还能帮助他们理解博物馆及其在社会中的角色，从而实现课程目标。该学校与佛罗里达州的两座社区博物馆——棕榈滩的弗拉格勒博物馆（Flagler Museum）、德尔雷比奇的森上博物馆和扶桑花园——建立了合作关系，通过在整个学年里多次把博物馆的藏品带到课堂上或组织学生去博物馆参观等方式，让学生深入探索这些藏品。

从每学年的第一节课开始，学习就围绕物件来开展。每个学生要把一件自己最喜欢的物品或者一张全家福照片带到课堂上，与同学和老师分享物品或照片背后的关于自己或家人的故事。学年伊始的这些活动看起来像是课堂上传统的展示说明活动，但却是未来一整年借助于物件和藏品来学习的起点。到学年结束时，每个学生要再次选择一些能代表自己的兴趣或个性的物件，但此时所采用的方式方法已经与第一次完全不同，更加强调学生对所选物件背后的故事和情感的细致深入思考。

到了9月末、10月初，学生们开始注意到，每个学科领域都有相关的物件在课堂上进行展示。例如，在数学课上，一组测量工具——格尺、卷尺、码尺、指南针、算盘、木匠尺子、天平等——被用来引入测量的概念。这些东西并非简单的道具，也不是单纯的测量工具。当学生用各种不同的视角探索它们时，它们有了更广泛的意义。比如算盘，学生可以结合历史和当下的背景来了解它，讨论它计量数量的作用，学会用它来计数、做加减法。学生们会对比不同的测量工具，看看它们测出来的一英寸是不是同样长，测量结果是否会因工具的不同而有所差异。他们的讨论涉及工具的各个方面，比如如何使用它们、谁会使用它们。对这些工具的深入探索让他们的学习不再局限于测量的过程，而是了解到更加丰富的知识。

在语文课上，真实的物件为《我爸爸的小飞龙》（*My Father's Dragon*）的故事（Ruth Stiles Gannett 2014）增加了丰富的体验。这部小说借由一个年幼的小男孩之口，讲述了他爸爸童年时运用自己的创造力克服艰难险阻拯救一条龙的探险之旅。男孩探险时背的粗麻布背包出现在了教室里，里面装满了物件，这些东西成了他此次冒险旅程不可或缺的一部分。从空麻袋、指南针、粉红色棒棒糖到彩色发带，男孩在追龙时使用的很多物件不再是书上的文字，它们被从背包里拿了出来！这些实物使这个故事变得鲜活，把每个学生都带到了故事情节中。

与博物馆里的科学区域一样，教室里的科学区域也会因为植物的加入而平添活力。一组大大小小、各种形状、不同颜色的种子彰显了大自然的复杂性。不同种类的植物为课堂实验提供了丰富的机会，学生可以观察、记录和对比植物的生长过程，了解对植物生长至关重要的因素。自然标本向学生展示了"美"的概念，为他们与现实世界建立联系提供了机会。

与棕榈滩日托学校建立合作关系的博物馆，一方面会把藏品带到学校供一年级的学生探索和学习，另一方面也会在场馆内为这些孩子举办活动。有一次在学校，森上博物馆和扶桑花园的一位策展人以木芥子为例，介绍了藏品的概念。木芥子是日本文化中流行的一种工艺品，深受土生土长的日本人和其他观众的喜爱。一年级的学生在这位策展人的引导下展开讨论，他们了解到，森上博物馆和扶桑花园收藏了300多件木芥子，但其中只有很少一部分作为展品展示出来。这场讨论最重要的任务是为展览挑选木芥子，学生提出问题并分享自己的想法，希望能够深入了解策展环节。策展人利用问题鼓励学生思考如何作出更广泛、更具代表性的选择——既要代表不同历史时期，又能涵盖不同地区的多种风格；并帮助学生逐渐理解，在作出选择时不能只挑自己喜欢的藏品。学生们还看到了木芥子在历史上的演变过程。此后，学生们去场馆时会用全新的视角观看展览，形成更深刻的理解。

木芥子

通常而言，木芥子是小巧的圆柱体人形木偶，最早出现于17世纪的日本北部地区，由手工制作完成。现如今，日本各个地区都会制作木芥子，且通过油漆的颜色和图案以及人偶的形状表现不同地方的创意特征。虽然每个地区艺术家的风格不同，但木芥子标志性的特征总能令人一眼就认出它。

到了春天，棕榈滩日托学校的一年级学生对"什么是博物馆"已经有了比较清晰的理解，并且能把这一知识应用到自己策划的展览——在弗拉格勒博物馆举办的年终展览上。相较于前一年9月学年伊始的"展示说明"练习，每学年结束时对个人收藏品的展出已不可同日而语了。经过了许多新体验并带着对博物馆更深的理解，学生在为自己最终的展览选择展品时会更加仔细地思考物件背后的故事以及它们对自己的意义，这就像在博物馆中工作一样。他们还会自己设计标签，为物件提供更多细节说明。

在描述学生对博物馆的态度和理解时，棕榈滩日托学校的教师和管理者用到的说法是"发生了本质上的改变"，他们把这种改变归因于在课堂体验中融入了基于实物的学习方法。该学校低年级负责人唐娜·托比谈到，借助于物件和藏品来学习能给学生带来很多益处：

> 学生们能将课堂和博物馆中学到的东西建立起更有意义的联系，这一方面能使他们更加珍视日常生活中的物品，另一方面也有助于他们深入理解博物馆在社会中的作用。通过基于实物的学习方法，学生为课堂贡献了自己的物件，掌握了学习的自主权。
>
> 托比的访谈，2017年

一年级教师的反思也体现了他们对基于藏品的学习方法的理解：

> 作为一个教学团队，我们的目标不只是让学生参与到学习过程中，还要启发他们思考。在与博物馆合作的第一年，我们很快就看到了实物在学生学习过程中的力量。学生很自然地被博物馆工作人员的演示过程所吸引，他们的兴趣促使我们团队改变了课堂的教学设计。
>
> 我们开始利用藏品来介绍课程中的主题和概念，不再把教学方式局限于口头讲解、展示图片或播放视频。这种基于藏品的学习方法能鼓励学生运用高阶思维独立思考。学生不再是简单地记住物件的名称，而是对这些物件进行对比、整理、分类，展开头脑风暴，分享自己的想法和自己发现的联系，并在没有任何提示的情况下得出结论。结果，学生变成了教师，而我们作为教师则主要发挥引导作用，帮助学生把自己的想法与新学的知识联系起来。
>
> 我们的实物教学课程——我们把一年级的这些课程称作"藏品、关联"——不仅影响了我们的课程规划和设计，而且改变了我们作为教师的角色。现在我们已经把物件看作课程中不可或缺的部分，并且希望学生能掌握

他们学习的自主权。

　　一年级教师团队：希瑟·范伯格、林赛·科萨雷克、劳兰·瑞瑞克和珍妮丝·雷明顿

结语

　　实物教学课有着悠久的历史，在正式和非正式学习环境中都占有一席之地。博物馆将物件和藏品看作强大的学习工具，认为物件背后的故事能够吸引观众的兴趣，启发他们思考，帮助他们了解更多相关知识。物件能为观察提供不同的视角，帮助观众了解个人经历以外的世界。从博物馆的角度来看，物件不仅是专家记录历史数据的载体，它们在人们的生活中也有意义，并且对保存这个世界的故事发挥着重要作用。

　　在正式教育中，物件的作用似乎没那么重要，相较于年龄大一些的学生，早期教育领域对基于实物的学习接受度更高。但仍有很多机会可以在各个阶段的正式教育中加入基于实物的学习方法，鼓励更深入的学习，以提升学生的参与度和兴趣，促进他们学习。

　　一些人对教育理论存在误解，认为与博物馆有关的教育理论和适用于学校环境的理论是不同的，但其实教育理论和实践更多关注的是人类的学习过程，对正式和非正式学习环境都适用。虽然关于学习的假设与正式和非正式学习环境都有联系，但有时却无法跨越两者之间的界限，导致错失了丰富学生学习体验的机会。实物教学不应该成为过去，无论是哪种环境，都应该好好利用这种方法吸引、启发各年龄段儿童的学习。

　　展望未来，首先要认识到我们的社会和文化发生了哪些变化。科技的进步显然是其中之一，这也向博物馆从业人员、正式和非正式学习环境的教育工作者提出了挑战，他们需要重新思考如何与观众——包括儿童观众——互动，引导观众学习。此刻，博物馆和学校都应开始更认真地思考与科技发展和学习有关的问题。

第五部分

展望未来

第十一章　未来数字社会的早期学习：在基于实物的学习体验和科技应用之间寻求平衡

此刻，我们不再流连过去……我们要不断向前，推开新的大门，去做新的事情，因为我们好奇。好奇心是引领我们走上全新道路的原动力。

——华特·迪士尼

导言

当今的儿童成长于一个数字技术蓬勃发展的世界，人们把高速获取全球信息看作是理所当然的。对大多数儿童来说，通过社交媒体与家人朋友随时联系、娱乐和获取信息是司空见惯的日常，这与他们在20世纪五六十年代成长起来的祖父母的经历形成了鲜明的对比。这是一个不断变化的世界，它随着科技领域的不断创新而飞速发展。

创新需要开放的心态以及对各种变化的可能性保持好奇心，这种心态被一些人认为是在任何领域取得成功的先决条件。在娱乐行业，华特·迪士尼把其企业的成功归因于类似的心态或思维方式，"我们要不断向前，推开新的大门，去做新的事情，因为我们好奇"。这种好奇心显然是推动当今世界科技发展和取得成功的决定性因素。

21世纪的儿童周围充斥着各式各样的电子设备，从各电商网站上唾手可得的智能音箱到五花八门的扫地机器人，科技在他们还没学会说话之前就已经全面渗透到了他们的日常生活中。如果人们的生活普遍如此，会对儿童了解世界的方式产生怎样的影响？随着科技无处不在地出现在日常生活的方方面面，人们对通过与环境互动进行体验式学习的期望会一成不变吗？通过真实物件和触觉体验来学习会被线上的虚拟体验取代而成为过去式吗？这对于作为学习场所的收藏型博物馆意味着什么？随着博物馆和学校都在努力做到与时俱进，教育界对这些问题以及其他问题的讨论将越来越多。

历史背景

几乎所有国家的历史进程都离不开科技的发展，很多时候，正是科技的进步推动了社会的变革。创新思维下产生的新想法和新产品有时看起来微不足道，却可能引发社会习惯和人们思维的巨大转变。

对千禧一代及其后出生的几代人来说，对科技的印象主要体现在社交媒体和通过互联网来获取信息上。但我们平时所说的"科技"也就是"知识的实际应用"代表了广泛的创新，每一项创新都是将科学知识用于解决实际问题、造福整个社会的过程（Merriam-Webster 2015）。从石器、印刷机到蒸汽机和汽车，这些技术上的进步被普遍认为对人类的发展产生了重大影响。最新的科技创新重新定义了21世纪以及人们学习、沟通和理解世界的方式。如果想要搞清楚社交媒体和全球交流背后的技术发展路径，不妨简要了解一下这段历史的发展过程。

20世纪80年代初期，个人计算机作为最前沿的科技产品进入美国家庭（Walton 2006），它被认为是最终改变美国乃至全球的人们日常生活的创新之举。在IBM于1981年推出个人计算机之前，计算机主要用于商界。这是它首次进入家庭生活，为人们在商界以外沟通、娱乐和获取信息引入新的工具。就像任何新的想法在出现之初遭遇的情况一样，人们对此表示了担忧，认为计算机会对社会和个人特别是儿童造成负面影响。

针对这些担忧，研究人员主要从社交、认知、语言发展和学习动机等方面对科技给儿童带来的影响开展了研究。麦卡里克和李晓铭教授在2007年对以往的实证研究进行了回顾，在总结计算机对学龄前儿童的影响时，他们一方面承认了人们的担忧和潜在的问题，另一方面也描述了计算机给儿童带来的好处，还特别强调了它对儿童的学习动机和社会交往方面的益处。麦卡里克和李晓铭教授引用的一份报告（Cordes and Miller 2000）《傻瓜的金子：对童年时期使用计算机的批判》（*Fool's Gold：A Critical Look at Computers*）是由童年联盟组织发布的，这份报告"认为计算机技术的发展会对儿童的身体成长、社会和智能等方面的发展造成伤害"（ibid., p.75），导致严重的健康风险和"人与人之间互动的减少"（ibid., p.75）。后来，克莱门茨和萨拉马（2003）撰写了报告《露天开采黄金：教育技术的研究和政策——对〈傻瓜的金子〉的回应》（*Strip Mining for Gold：Research and Policy in Educational Technology – A Response to Fool's Gold*），通过引用大量研究来反驳这些观点，提出合理、适当地使用计算机能够带来正面、积极的影响。麦卡里克和李晓铭教授在回顾这些文献时指出，目前还很难从现有研究中得出普适的结论，需要更多研究才能帮助人们更好地理解这个问题及其影响。

莉迪亚·普劳曼和乔安娜·麦克帕克最近的一项研究（2012）把研究对象从电脑扩展到了手机、电视、游戏机和科技玩具，她们在2012年发表的一篇文章中揭穿了科技会对3～4岁儿童产生负面影响的传言，指出"科技能为儿童了解周围世界提供更丰富的机会，帮助他们发展沟通能力，让他们学会如何学习"。尽管研究结果不尽相同，但有数据表明，科技可以促进儿童的成长和学习（ibid., p.6）。但要注意，过度使用或接触科技产品会给儿童带来风险。不管是最初的质疑还是近期对儿童接触科技产品的抵制，一切似乎并没有给科技行业的发展造成任何负面影响。

随着发展变化的迅速发生，人们对社会交往有了新的理解。美国人口普查数据记录了技术使用的巨大热潮及其对社会的影响：1984年，8.2%的美国家庭拥有一台电脑，而这一数字在2000年增加到了51%（美国商务部，美国人口普查局，2013年，表7）。到2013年，美国拥有电脑的家庭达到了83.8%（File and Ryan 2014，p.2）。

随着个人计算机使用的增加，美国人口普查局意识到需要扩大数据的收集范围，关注互联网访问情况。到了1997年，该部门开始使用新工具"当前人口调查"

（ibid.）来收集信息。"2013年，74.4%的家庭上报了互联网使用情况"（ibid.，p.2），相较于1997年记录的18%有了显著增长（美国商务部，美国人口普查局，2013年）。如果主要通过抓取业主的年龄、种族、社会经济地位、地理位置等数据进一步对美国人口普查局的这些报告进行分析，将有助于我们了解有哪些因素对家庭访问互联网和使用科技产品产生了影响。

互联网的出现带来了很多新机会，让人们能从更广阔的渠道了解全球信息，还促使人们重新思考人与人之间的社交。2004年，脸书（Facebook）的创立改变了人们对人际关系及其形成和维护方式的看法；到了2017年，脸书代表的是"一个拥有超过16.79亿用户的全球网络"（Internet Growth Statistics 2017，p.2）。现在，脸书不仅承载了人与人之间的社交，还在人们与组织、商业、新闻之间搭建起桥梁。

在过去十年里，社交媒体的概念不再仅指脸书，还包括推特（Twitter）、拼趣（Pinterest）、领英（LinkedIn）和照片墙（Instagram）等平台。人们能通过如此丰富的平台进行社交，原因之一是智能手机技术的兴起。皮尤研究中心的数据显示，2016年"70%的美国人会通过社交媒体与他人联系、了解新闻内容、分享信息和休闲娱乐"（Pew Research Center 2017a），这与2005年5%的美国人使用社交媒体（Pew Research Center 2017b，p.1）相比有了显著的增长。智能手机技术的兴起和广泛使用为这些社交媒体的持续发展创造了机会。

一家在线研究机构（AVG）的研究表明，全球科技产品使用的增长不仅影响到成人，也对儿童造成了影响：在美国乃至全球的6~9岁儿童中，有一半会花时间在社交媒体上，在虚拟世界中互动（AVGNow 2014）。也有证据表明，很多6岁以下的儿童也会使用科技产品和社交媒体。只要在公共场所或家中留心观察，就可以看到幼儿和学龄前儿童会通过多种方式与科技产品互动。

随着社交媒体越来越多地融入日常生活中，儿童会对自己经历的事情作出反应。他们观察、模仿并最终开始使用这些被认为是再平常不过的媒体平台和电子设备，并在此基础上形成了自己理解世界的基本方式。现在，科技的发展还在持续改变人们的学习方式以及人们与周围世界的互动方式。

随着大量科技元素进入日常生活体验中，家长和教育工作者提出了一些关键问题。他们最担心的是儿童在网络上能够广泛接触到陌生人，这些人可能会不怀好意，也可能会对少不更事的孩子造成伤害。随着科技成为日常生活的重要组成部分以及通过社交媒体与他人建立联系的机会越来越多，儿童会更容易接触到陌生人，这个问题值得所有家长和教育工作者注意。

现在的美国人以及世界各地的人们的生活中都充斥着科技元素，这在四十年前是无法想象的。个人计算机的出现、互联网的发展和社交媒体平台的扩张"彻底改变了我们办公和沟通的方式"（Internet Growth Statistics 2017，p.1）。相关数据清楚地展现了变化的过程，同时也记录了科技的迅速普及。

2017年，儿童进入了一个充满科技的世界，在这个世界看到科技产品就像在咖啡店看到拿铁或司康饼一样理所当然。这就需要我们重新思考未来的学习，特别是未来儿童的学习。教育工作者在重新评估自己设计学习活动和空间的方式时，要考虑在这样一个充满科技的世界里如何更好地吸引儿童进行深度学习。同时，认真思考下面几个问题也会很有帮助：教育工作者如何跟上时代的变化，做到与时俱进？基于实物的学习方法还会像以前那么重要吗？还是会出现全新的博物馆体验？是否有办法利用新科技提升真实世界的体验？不管怎么做，我们都要牢记本章开篇引用的迪士尼的名言。我们的目标是继续前行，根据现实的变化"推开新的大门，去做新的事情"。

评估新常态

每一代人体验世界的方式都是不相同的，任何人只要对过去的历史稍加理解就不难发现这一点。社会的变化体现在生活的方方面面，从创新型产品到人们的行为，所有这些共同促成了人们体验上发生的变化。

希腊哲学家赫拉克利特的理论很好地描述了他对变化的理解，他认为这个世界唯一不变的就是变化本身，没有什么是一成不变的。无独有偶，美国总统约翰·F.肯尼迪也曾将变化描述为公认的自然规律，但又补充了一点警示。肯尼迪总统图书馆（JFK Presidential Library）的资料显示，肯尼迪于1963年6月25日在法兰克福保罗教堂的大会堂发表讲话时说到"人生充满变数，而那些只留恋过去或现在的人，必将错失未来"。考虑到这一点，博物馆教育人员更应该重新思考自身实践以反映当前社会文化的变化，更好地适应未来的发展。

就像前面提到的，当今世界最明显的变化之一就是科技的进步，其结果是对整个社会的影响，包括对儿童学习的影响。针对这一特定年龄段的问题和人们对此的担忧，包括美国国家幼儿教育协会在内的专业组织重新审视并更新了相关政策和立场声明，以确保幼儿教育实践可以反映当前的社会和文化环境。换言之，这些专业组织已经在努力应对社会的变化了。

美国国家幼儿教育协会和弗雷德·罗杰斯中心在2012年发表的联合声明描述了科技世界和互动媒体领域的瞬息万变，并"基于幼儿如何学习和成长的相关研究结果"提供了指导，同时列举了"科技和互动媒体的使用带来的机遇和挑战"（NAEYC Position Statement 2011）。该声明表示"现如今，当考虑在儿童教育中使用前沿技术和新媒体时，最重要的一点是要结合儿童学习和发展的相关理论"（ibid.）。这份声明想要传达的信息很简单，"如果使用得当，科技和互动媒体会成为支持儿童学习和发展的有效工具"（ibid.）。

博物馆从业人员也可以在其他领域专家的帮助下理解新一代学习者。科技和互联网领域的领导者约翰·帕尔弗雷和乌尔斯·加瑟在2008年出版的著作《生在数字时代：了解第一代"数字土著"》（*Born Digital*：*Understanding the First Generation of Digital Natives*）中谈到了这个时代的学习，列举了这个世界因科技进步而发生的种种改变。两位作者指出，所有学习环境下的教育工作者都要适应快速变化的学习方式——相较于模拟世界（analog world），学生在数字世界更容易参与学习过程。随着获取信息的方式发生了变化，新一代学习者将比前几代人更快、更广泛地收集信息、作出决策和分享知识。最重要的是要接受一个事实，即出生在数字时代的人寻求和获取信息的方式与之前的人截然不同。

为了适应这种新的学习方式，帕尔弗雷和加瑟建议：如果能够支持教育目标的实现，不妨使用科技。但同时他们也提醒人们注意"不能为了在课堂上使用科技，就匆忙地丢弃学校和教师原本最擅长的事情"（ibid., p.246），这一建议同样适用于博物馆教育工作者。帕尔弗雷和加瑟从理念到实践深入探讨了科技在学习中的作用，并提出在整合这些工具支持学生的学习和教学目标的实现时要注意找到平衡点。同时，他们希望人们能够尊重传统方法，认识到"古老的对话方法——人们交流彼此的观点，深入探讨一个话题，在面对面的真实生活环境中提出问题并探索问题"具有重要价值，并把这种历史悠久的方法看作思辨和学习的必要条件（ibid., p.246）。《生在数字时代》的作者们提醒我们，虽然数字技术和工具可以在教育领域发挥作用，但要记住"学习的某些特质不会因为科技的发展而改变"。这样看来，专家们似乎认为最好的方式是把新科技与传统方法结合起来开展教育实践。

其他研究科技发展对学习影响的专家和机构也发表了一些观点，供大家参考。其中一个机构是芝麻街工作室旗下的琼·甘兹·库尼中心，该中心努力追求"利用数字媒体技术促进儿童学习"（Shuler 2009），一直坚信儿童早期学习的重要性。该中心近期还发布了一篇题为《潜力袋：利用移动技术促进儿童学习》（*Pockets of Potential：Using Mobile Technologies to Promote Children's Learning*）的报告，报告中提到"一个人在未来的学业和生活上能取得成功，其实早在学龄前和小学阶段就已经奠定了基础，因为那个阶段的他们已经在树立全新的学习习惯和社会发展技能了"（ibid., p.1）。这份报告探讨了各个阶段学生的学习机会，特别是利用移动技术来学习的机会，包括随时随地学习、惠及困境儿童、提升21世纪必备技能等。这份报告还指出了人们在此过程中面临的关键挑战，其中一个挑战是对"公认的移动技术学习理论"（ibid., p.5）缺乏共识。报告建议采取的行动是"将移动学习从一种不平衡的分散的创新状态转变为一股持续影响教育的力量"（ibid., p.6）。理解儿童与科技发展的关系和交集不仅是利用科技手段实现教育目的最重要的前提条件，也是其最终能否取得成功的关键。

琼·甘兹·库尼中心执行主任迈克尔·H. 莱文分享了他对教育技术未来发展的看法。他认为教育界需要广泛探讨和挖掘科技的潜力，而且人们需要认真思考和讨论"儿童现在依赖的电子设备——也就是他们的社交货币——日后会如何帮助他们习得成功所需的技能"（ibid., p.2）。正如该中心在报告中所说，科技的发展不是一个过渡阶段，而是21世纪的常态。一定要深入研究和讨论，才能在克服挑战的同时最大程度地抓住机遇。

业界的观点

博物馆从业人员非常了解新兴技术，从很多展览、展区空间包含的视频、游戏和社交媒体以及面向公众的在线活动就可以看出这一点。不管在传统博物馆还是儿童博物馆，我们都能看到新兴技术的应用。博物馆中关于技术的决策不是轻易作出的，而是在全面权衡对观众的利弊的基础上制定的。

博物馆教育人员也非常关注科技在教育活动中的作用，特别是面向儿童观众的教育活动，并就此进行了多方面思考：应如何利用科技促进儿童学习？什么时候实施比较合适？实物对儿童学习有什么价值？基于真实物件的博物馆体验与虚拟体验有什么不同？利用科技促进儿童学习的最佳实践是什么？

为了研究科技发展和儿童学习的问题，博物馆领域的专家和来自学校的教育工作者被邀请参与了非正式的问卷调查和访谈，分享他们的想法。这其中包含了广泛的群体，从儿童早期教育专家到儿童博物馆以及艺术、历史、文化和科学类博物馆等不同类型收藏机构的专业人士。这份调查问卷也发布在了美国博物馆联盟在线社群（AAM's Museum Junction）的开放论坛里，邀请博物馆界广泛参与。简单地回顾一些数据，或许能为我们思考博物馆工作的相关问题带来一些启示。

绝大部分数据表明，科技与真实体验相结合才是博物馆的最佳选择。显然，有很多单纯利用科技的体验，如基于网络的演示；同样，也有一些活动把实物作为主要的或唯一的信息来源，让参与者通过动手探索来学习。事实一再证明，科技的价值在于让更多人有机会接触到博物馆和藏品，为原本可能永远没有机会体验这些物件的在线观众提供服务。由于经济限制、地理区隔或文化习惯等多种原因，并不是每个家庭都有机会来到博物馆。因此，需要找到其他途径分享博物馆的宝藏和知识。科技是在现实生活需求的基础上发展起来的，即便有充分的理由支持利用科技开展活动和分享信息，美国的教育工作者依然坚信真实物品对学习至关重要，是科技无法取代的。

这份问卷中的观点体现了当前的实践，它提倡人们在科技和实物探索之间寻求平衡：不论在正式学习环境还是非正式学习环境，都可以适当地运用科技，同时结合对真实物品的动手探索。

在基于实物的学习体验和科技应用之间寻求平衡

教育工作者开展的非正式调查提供了一些基于实物并结合科技手段的博物馆实践案例，克利夫兰艺术博物馆（Cleveland Art Museum）的戴尔·希尔顿分享了一个融合了实物和科技的活动。他提到，在关于天然染料的远程课程中，他们会鼓励教师把菠菜叶等实物带到课程中，为学生提供感官学习体验。博物馆通过提供实物增加课程的感官体验，把动手体验和科技应用有机地结合在一起。克利夫兰自然博物馆也有类似的科技与实物的结合，在关于岩石和矿物的互动视频课程中，该馆会把标本寄到学校，为课程增加感官体验。动手体验与视频会议相结合的方式受到了教师和学生的广泛好评。

问卷调查的结果显示，大家都认同实物的重要价值。考虑到受众的特点，这个结果也很好理解。即便如此强调实物的作用，大部分参与调查的教育工作者在谈到利用科技手段促进学习时还是都表达了自己开放的心态。参与者还特别强调了真实物件和科学标本对学习的重要作用，这也是大多数博物馆一直以来所秉持的理念，来自自然博物馆和科学中心的教育工作者和科学家特别强调这一点。基于实物的博物馆体验如此受到重视，根本原因在于实物为观众提供了丰富的通过多种感官探索的机会。

在德雷克塞尔大学自然科学学院（Academy of Natural Sciences of Drexel University），儿童早期教育专家蒂芙尼·艾伦对这一观点表示认同，并强调真实物件"能为儿童提供全面的感官体验"（Allen，questionnaire，2017），这对学习有重要的价值。她描述了自然科学学院的一个项目：学龄前儿童参与者能够真正接触到一件保存完好的鲨鱼藏品，并从中获益。艾伦指出，3～4岁的儿童兴奋地研究着鲨鱼下颌的一排牙齿，触摸着鲨鱼的皮肤，所有这些探索活动都是在安全可控的环境下进行的。但像其他受访者一样，艾伦也提到科技能够扩展和丰富与展品有关的体验。例如，增加自然水域中鲨鱼的视频有助于加深儿童对鱼类的动作以及它们与周围海洋生物之间互动的理解，这种体验与传统的展品展示有着本质的不同。

史密森早教中心早期学习创新办公室（Center for Innovation in Early Learning）主任贝琪·鲍尔斯讲述了另一个利用科技拓宽儿童视野的例子。鲍尔斯提到，现在美国国家历史博物馆中的"约翰牛"（John Bull）火车展品是静态的、没有声音的，她建议利用科技帮助儿童了解"这台大家伙是如何工作的"，还可以让儿童"看看车轮和车轴如何转动，仪表如何测量压力，以及机车如何利用蒸汽运行"（Bowers，questionnaire，2017）。人们普遍认为，适当采用真实物件结合科技手段的方式能够对学习起到促进作用。

越来越多的博物馆利用真实物件和科技手段为各年龄段的观众提供多感官体验。在弗农山庄，历史文物能够帮助人们了解乔治·华盛顿的故事和革命时期的生活，同时也为当时的人物、地点和事件提供了直接的证据。而利用科技可以在此基础上提供全新的视角，逼真的枪声、运动的轨迹、整个礼堂下雪的寒冷感觉等多感官的影像辅助能提升观众的体验。实物与沉浸式的体验相结合，帮助观众回到过去，创造复杂或深刻的记忆。科技手段为理解展品提供了更多的角度和切入点。

问卷数据显示，人们普遍认为，适当运用科技手段能够为策展和教育叙事提供有益补充。与此类似，很多人也表示，虽然博物馆的藏品包含大量标本和人工制品，但单纯围绕物件设计博物馆体验可能会存在局限性，而科技为提升观众参与度提供了更多可能性。同时，尽管提倡科技手段与实物体验相结合，人们依然坚信实物对学习的重要作用。

《体味物件：改变博物馆体验》一书（Wood and Latham 2014）的作者之一伊丽

莎白·伍德博士指出，科技不仅可能为学习带来好处，还能帮助更多人获得学习的机会。她提到，科技为博物馆中的学习开辟了更多可能性，让观众能通过多种感官参与体验。比如，在展示某个与仪式有关的工艺品时，可以配上这个仪式的舞蹈视频。伍德还强调，展览中融入的科技元素也会引发儿童的好奇心，吸引他们参与体验。

但是伍德认为，"我们的社会过于看重视觉形象"（Wood，interview，2017）。在她的文章和采访中，她都提倡利用物件作为理解世界的切入点，因为物件与人类存在实实在在的联系。人在现实生活中遇到各种物件时会通过多种感官获取信息，并把这些信息传递给大脑。大脑会记下它们的特征，比如材质或重量。伍德认为，虽然电子图像能准确地显示物件，但却无法传递那些通过视觉以外的其他感觉才能获取到的信息。直接接触物件的第一手经验能够帮助学习者验证自己从电子图像中获得的感知。触摸物件或与之互动能帮助学习者了解物件的气味、材质、重量、是否散发热量或凉气等，所有这些特征都可以用语言来描述，但触摸体验能带来更全面、深入的理解。伍德说，学习很重要的一点是通过动手体验来验证自己的想法。但她也说，这个问题很复杂，需要进一步研究才能帮助人们更好地理解物件的作用以及如何将实物与科技结合起来促进学习。

早期学习领域的专家艾莉森·威廉姆斯博士也表达了与伍德类似的观点，她认可科技的重要价值，但认为感官体验对儿童的学习更重要。她举了一个例子：在烹饪活动中，如何帮助学龄前儿童了解肉桂这种食品中常见的配料？她指出，虽然我们可以利用科技手段提供图片和信息，比如肉桂树的照片，但"如果能让孩子触摸实物——一块肉桂皮，看看它长什么样，闻闻它的味道，试试研磨、烹饪或者品尝它时会发生什么，这些感官体验对儿童的学习更有意义"（Williams，questionnaire，2017）。

不仅传统博物馆在探讨科技发展与儿童学习之间的关系，儿童博物馆界也是如此。在对美国儿童博物馆协会执行主席劳拉·韦尔塔·米格斯的访谈中，她也表示关于这个问题的讨论非常重要，认为科技的确给儿童带来了更丰富的学习体验。她列举了儿童博物馆中的很多案例，还介绍了几个展览，它们用非常有想象力且适合儿童的方式把游戏和科技成功地结合起来。

圣路易斯儿童博物馆（又称"魔法屋"，The Magic House，St. Louis Children's Museum）是在展览中融入科技手段的典范。该馆的"神奇作品"（Wonder Works）展项将艺术创作与科技元素融为一体，吸引儿童参与现实世界和虚拟世界相结合的游戏。其中一项体验是让儿童画鱼类和其他水里的生物，并为它们上色，但这仅仅是一个开始。接下来，借助于计算机技术，孩子们的创作会被扫描、融合到一个水下场景的视频中。在科技的辅助下，孩子们可以看到自己画的鱼在海水中游来游去，穿梭于珊瑚礁之间。

随着当今科技的进步，早期教育领域也出现了新的标准，鼓励大家在学习环境中融合科学、艺术和技术。人们认为，儿童应该既能区分现实世界和虚拟世界的差别，又能通过与两者互动来学习。

据圣路易斯儿童博物馆馆长介绍，"神奇作品"等展项的设计理念出自"该馆的技术委员会，这个委员会是基于场馆周边社区建立的。该委员会的成员们希望在遵循国家标准的前提下，依据儿童的年龄段，在基于游戏的动手学习体验和融合科技手段的学习体验之间找到平衡点"（Fitzgerald，pers. comm.，June 16，2017）。该馆这样描述馆内融合科技的学习体验："当孩子们运用技术、艺术和想象力一起合作或玩耍时，他们充满了创造力"（The Magic House 2017 website）。该馆的目标是利用游戏的方式保护孩子的学习热情。

布鲁克林儿童博物馆教育活动部副主任彼得鲁什卡·巴赞·拉森的观点略有不同。她特别强调真实物件的作用，并指出自然标本和真实物件代表了该馆及其首套藏品的历史。她把布鲁克林儿童博物馆称作"模拟博物馆"，并指出"与我们的藏品互动能够激发孩子的想象力，锻炼他们讲故事的能力"（Larsen，questionnaire，2017）。

不同观点的存在有助于人们展开对话，促使博物馆从业人员认真思考完全相悖的两种观点。很多时候，这些观点可以共存，但人们会因为理念不同而更倾向于某种观点。不同观点之间的对话不一定要搞成水火不容、非此即彼，而应去帮助人们更全面、深刻地理解如何用科技手段服务儿童：引入科技手段能拓展或丰富学习体验吗？物件是否因为提供了独特的学习机会而受到了人们的重视？

如前所述，我们采访过的很多人都表示对把科技手段和真实物件适当结合的方式很感兴趣。亚利桑那州创意博物馆（i.d.e.a Museum）的执行馆长桑尼·奥罗克也强调了这一点："如果运用得当，科技可以促进学习"（O'Rork, questionnaire, 2017）。作为一家多年来一直为儿童和家庭提供动手学习体验的艺术博物馆，创意博物馆目前正努力为儿童提供更广泛的活动，"我们不仅在多感官体验中增加了科技元素，还融入了科学、工程、设计思维等"（i.d.e.a. Museum 2017）。据奥罗克介绍，该馆利用科技手段"激发孩子的想象力，让他们去创作"（O'Rork, questionnaire, 2017），如绿屏和平板电脑。有了绿屏，想要成为超级英雄的人可以看到自己在天空中飞翔。科技给博物馆带来了新玩法！

对于这个问题，也存在两种极端的观点：一些博物馆从业人员认为，科技在博物馆或面向儿童的活动中没有用武之地；而另外一些人则认为，科技代表的是现在和未来，相较于实物，科技将带来同样甚至更好的学习体验。毫无疑问，随着科技和学习相关研究的发展，这场辩论还会持续进行下去。

展望未来

博物馆将科技看作日常实践的一部分，在向观众宣传时不仅会谈到能够给他们带来启发的艺术作品、人工制品、科学标本，也会提到数字体验。例如，在出自詹姆斯·麦迪逊的蒙彼利埃庄园的出版物《我们人民》（*We the People*）中，有一篇关于观众理解历史的不同方式的文章阐述了这一点："来到名胜古迹的观众可以借由多种手段了解奴隶制：这里原始固有或后来重建的居家生活场景和工作空间；第一人称的讲解；鲜活的历史演示；第三人称导览；数字互动设备；其他更加传统的展览"（Montpelier 2017, p.6）。

尽管科技元素在21世纪变得司空见惯，并且已经被美国社会的各个方面所接受，但我们有理由相信，未来仍会不断发展变化。人们认为，随着新设备和平台的出现，科技会持续发展进步，这些设备和平台会像"脸书"和智能手机一样改变人类的行为。科技将如何进步以及它们将如何改变世界尚未可知，但就像肯尼迪总统曾说的，"人生充满变数"。

　　在21世纪的第二个十年里，博物馆从业人员认识到科技已经融入了社会的各个方面，于是开始认真思考如何有效利用科技服务儿童。数字体验对儿童学习产生了怎样的影响的相关研究尚处于起步阶段，但这些研究对理解当前和未来实践至关重要。我们要通过研究了解更多相关知识，放眼博物馆服务儿童观众的未来，这将是一次全新、奇妙、充满惊险的学习之旅。

参考文献

AAM (American Association of Museums. 1992. *Excellence and Equity: Education and the Public Dimension of Museums*. Edited by E. C. Hirzy. Washington, DC: American Association of Museums.

ACM Association of Children's Museums. 2017. "About Children's Museums." Retrieved from www.childrensmuseums.org/childrens-museums/about-childrens-museums (acces-sed July 11, 2017).

American Museum of Natural History. "Learn and Teach: About the Discovery Room." Retrieved from www.amnh.org/learn-teach/families/discovery-room (accessed September 19, 2015).

AVG.Now. 2014. "Is Your Child Living in a Virtual World? AVG Digital Diaries 2014 Study." Retrieved from http://now.avg.com/children-living-in-virtual-worlds/ (accessed April 2, 2017).

Bishop Museum. 2017. "Exhibits at Bishop Museum." Retrieved from www.bishopmuseum.org/exhibits/ (accessed January 23, 2017).

Black, P.C. 2009. *American Masters of the Mississippi Gulf Coast: George Ohr, Dusti Bongé, Walter Anderson, Richmond Barthé*. Jackson, MS: Mississippi Arts Commission.

Boston Children's Museum. 2017. "Exhibits and Programs: Collection." Retrieved from www.bostonchildrensmuseum.org/exhibits-programs/collections (accessed July 20, 2017).

Brahms, L. and P.S. Wardrip.2016. "Making with Young Learners: An Introduction." *Teaching Young Children*, 9(5): 6–8.

Bresson, L.M. and M. King. 2016/2017. "Inventions, Gizmos, and Gadgets-Oh, My! How to Help Your Preschoolers Get the Most Out of Your Makerspace." *Teaching Young Children*, 10(2): 24–27.

Bronson, P. and A. Merryman. 2009. *Nurture Shock: New Thinking about Children*. New York: Hachette Book Group.

Brosterman, N. 1997. *Inventing Kindergarten*. New York: Henry N. Abrams, Inc.

Bruner, J. 1960. *The Process of Education: A Landmark in Educational Theory*. Cambridge, MA: Harvard University Press.

Bruner, J. 1966. *Toward a Theory of Instruction*. Cambridge, MA: Harvard University Press.

Bunting, E. 2003. *Anna's Table*. Chanhassen, MN: Northword Press.

Children's Museum of Indianapolis. 2017. "About: Museum Collections." Retrieved from www.childrensmuseum.org/content/museum-collections (accessed July 20, 2017).

Clements, D.H., and J. Sarama. 2003. "Strip Mining for Gold: Research and Policy in Educational Technology – A Response to 'Fool's Gold'." *Educational Technology Review*, 11(1): 7–69.

Connor, L. 2004. *Miss Bridie Chose a Shovel*. Boston, MA: Houghton Mifflin Company.

Copple, C. ed. 2001. *NAEYC at 75: Reflections on the Past ... Challenges for the Future*. Washington, DC: National Association for the Education of Young Children.

Copple, C. and S. Bredekamp, eds. 2009. *Developmentally Appropriate Practice in Early Child-hood Programs Serving Children from Birth through Age 8*. Washington, DC: National Association for the Education of Young Children.

Cordes, C. and E. Miller. 2000. *Fool's Gold: A Critical Look at Computers in Childhood*. Alliance for Childhood. Retrieved from http://waste.informatik.hu-berlin.de/diplom/ DieGelbeKurbel/pdf/foolsgold.pdf (accessed June 17, 2017).

Crews, D. 1978. *Freight Train*. New York: Harper Collins.

Csikszentmihalyi, M. and K. Hermanson. 1999. "Intrinsic Motivation in Museums: Why Does One Want to Learn?" In *The Educational Role of the Museum* (2), edited by E. Hooper-Greenhill. London: Routledge, pp.146–160.

Danko-McGhee, K. 2013. "Babes in Arms." *Museum* (Sept.–Oct.). Retrieved from http://onlinedigeditions.com/ article/Babes+In+Arms/1481143/0/article.html (accessed September 21, 2014).

DeFelice, C. 1998. *Clever Crow*. New York: Simon & Schuster Children's Publishing Division.

Demi. 1996. *The Empty Pot*. New York: Macmillan Company.

Derman-Sparks, L. and J.O. Edwards. 2012. *Anti-Bias Education for Young Children and Ourselves*. Washington, DC: National Association for the Education of Young Children.

Derman-Sparks, L. and P. G. Ramsey. 2006. *What If All the Kids Are White? Anti-bias Multicultural Education with Young Children and Families*. New York: Teachers College Press.

Dewey, J. 1897. "My Pedagogic Creed." *School Journal* 54(3): 77–80.

Dewey, J. 1900. *The School and Society*. Chicago: University of Chicago Press.

Dewey, J. 1916. *Democracy and Education*. New York: Macmillan Company.

Dewey, J. [1938] 1963. *Experience & Education*. New York: Collier Books.

Di Leo, J.H. 1980. "Graphic Activity of Young Children." In *Art: Basic for Young Children*, edited by L. Lasky and R. Mukerji, Washington, DC: The National Association for the Education of Young Children, pp.5–16.

Dickson, C. N. 2015. *How to Teach and Introduce Children the Wonders of Photography*. Retrieved from http://digital-photography-school.com/how-to-teach-and-introduce-children-the-wonders-of-photography/ (accessed September 14, 2015).

Duckworth, E. 2006. *The Having of Wonderful Ideas and Other Essays on Teaching and Learning*. New York: Teachers College Press.

Duckworth, E., J. Easley, D. Hawkins, and A. Henriques. 1990. *Science Education: A Minds-On Approach for the Elementary Years*. Hillsdale, NJ: Lawrence Erlbaum Associates.

Durbin, G., S. Morris, and S. Wilkinson. 1990. *Learning from Objects*. London: English Heritage.

Dworkin, M.S. 1959. *Dewey on Education: Selections*. New York: Teachers College Press. Edwards, C., L. Gandini, and G. Forman, eds. 2012. *The Hundred Languages of Children: The Reggio Emilia Experience in Transformation*. Santa Barbara, CA: Praeger.

Eisner, E. 1985. "Aesthetic Modes of Knowing." In *Learning and Teaching: The Ways of Knowing*, edited by E. Eisner. Chicago: University of Chicago Press. pp.23–36.

Evans, E.M., M.S. Mull, and D.A. Poling. 2002. "The Authentic Object? A Child's Eye View." In *Perspectives on Object-Centered Learning in Museums*. Edited by S.G. Paris. Hillsdale, NJ: Psychology Press.

Falk, J.H. and L.D. Dierking. 2000. *Learning from Museums: Visitor Experiences and the Making of Meaning*. Walnut Creek, CA: AltaMira Press.

Falk, J.H., and L.D. Dierking. 2013. *The Museum Experience Revisited*. Walnut Creek, CA: Left Coast Press.

File, T. and C. Ryan. 2014. *Computer and Internet Use in the United States: 2013*. Washington, DC: U.S. Department of Commerce, U.S. Census Bureau.

Findlay, J.A. and L. Perricone. 2009. *WPA Museum Extension Project 1935–1943: Government Created Visual Aids for Children from the Collections of the Bienes Museum of the Modern Book*. Fort Lauderdale, FL: Broward County Libraries Division.

Galdone, P. 1986. *Three Little Kittens*. New York: Houghton Mifflin.

Gannett, R.S. 2014. *My Father's Dragon*. New York: Random House.

Gardner, H. 1983. *Frames of Mind: The Theory of Multiple Intelligences*. New York: Basic Books.

Gardner, H. 1991. *The Unschooled Mind: How Children Think & How Schools Should Teach*. New York: Basic Books.

Gribble, K. 2013. "Nurturing Curiosity." *Childhood 101*. Retrieved from http://child hood101.com/nurturing-curiosity/ (accessed August 9, 2017).

Griffen, M.B. 2014. *Rhoda's Rock Hunt*. Saint Paul, MN: Minnesota Historical Society Press.

Hein, G.E. 1995. "The Constructivist Museum." *Journal for Education in Museums* 16, 21–23. Retrieved from www.gem.org.uk/pubs/news/hein1995.php (accessed June 19, 2015).

Hein, G.E. 1998. *Learning in the Museum*. New York: Routledge.

Hein, G.E. 2006. "Progressive Education and Museum Education: Anna Billings Gallup and Louise Connolly." *The Journal of Museum Education* 31(3): 161–173.

Hein, G.E. 2011. "Museum Education." In *A Companion to Museum Studies*, edited by S. Macdonald. Retrieved from http://george-hein.com/downloads/MuseumEdBlackwell Hein.pdf (accessed April 22, 2016).

Hein, G.E. 2012. *Progressive Museum Practice: John Dewey and Democracy*. Walnut Creek, CA: Left Coast Press, Inc.

Hein, G. E. and M. Alexander. 1998. *Museums: Places of Learning*. Washington, DC: American Association of Museums.

Hein, H. 2011. "The Matter of Museums." *The Journal of Museum Education* 36(2): 179–187.

Hindley, A.F. and J.O. Edwards. 2017. "Early Childhood Racial Identity – The Potential Powerful Role for Museum Programming." *The Journal of Museum Education* 42(3): 13–21.

Hooper-Greenhill, E. 1991. *Museum and Gallery Education*. New York: Leicester University Press.

i.d.e.a. Museum. 2017. "Our History." Retrieved from www.ideamuseum.org/our-history. html (accessed July 20, 2017).

Internet Growth Statistics. 2017. "Internet World Stats: Usage and Population Statistics. " Retrieved from www.internetworldstats.com/emarketing.htm (accessed April 27, 2017).

James, W. 1899. *Talks to Teachers on Psychology: And to Students on Some of Life's Ideals*. New York: Henry

Holt & Company.

Jirout, J. and D. Klahr. 2012. "Children's Scientific Curiosity: In Search of an Operational Definition of an Elusive Concept." *Developmental Review*, 32(2): 125–160.

Jocelyn, M. 2000. *Hannah's Collection*. Plattsburg, New York: Tundra Books of Northern New York.

Kagan, S.L., Moore, E., and S. Bredekamp.1995. *Reconsidering Children's Early Development and Learning: Toward Common Views and Vocabulary*. Washington, DC: National Education Goals Panel.

Keatinge, M.W. 1896. *The Great Didactic of Comenius: Now for the First Time Englished*. London: Adam and Charles Black. Retrieved from https://books.google.com/books?id= sE9MAAAAIAAJ&pg=PA150&lpg=PA150&dq=to+comenius%27+eternal+credit+be+ it+that+he+was+the+first+to+realise&source=bl&ots=kEOrI2S6r9&sig=bLMOv6JlTS13 Xtl7ohLT2-pafEc&hl=en&sa=X&ved=0ahUKEwihi87JpKfWA hVNxCYKHUnfAesQ6 AEIKDAA#v=onepage&q=to%20comenius'%20eternal%20credit%20be%20 it%20that% 20he%20was%20the%20first%20to%20realise&f=false (accessed September 15, 2017).

Kluge-Ruhe Aboriginal Art Collection of the University of Virginia. 2015. Retrieved from www.kluge-ruhe.org/ about/about-the-museum (accessed August 3, 2015).

Krages, B. 2005. *Photography: The Art of Composition*. New York: Allworth Press.

Krakowski, P. 2012. "Museum Superheroes." *The Journal of Museum Education,* 37(1): 49–58.

LACMA (Los Angeles County Museum of Art). 2016. "Metropolis II." Retrieved from www.lacma.org/art/ exhibition/metropolis-ii (accessed October 4, 2016).

Lind, K. K. 1998. "Science in Early Childhood: Developing and Acquiring Fundamental Concepts and Skills." Prepared for the Forum on Early Childhood Science, Mathematics, and Technology Education. Washington, DC: National Science Foundation. Retrieved from http://files.eric.ed.gov/fulltext/ED418777. pdf (accessed August 9, 2017).

Loewenstein, G. 1994. "The Psychology of Curiosity: A Review and Reinterpretation." *Psychological Bulletin,* 116(1): 75–98.

Madden, J.C. and H. Paisley-Jones. 1987. "First-Hand Experience." *The Journal of Museum Education,* 12(2): 2.

Manchester Museum. "Object Lessons." Retrieved from www.museum.manchester.ac.uk/whatson/exhibitions/ upcomingexhibitions/objectlessons/ (accessed July 17, 2017).

Martens, M. 1999. "Productive Questions: Tools for Supporting Constructivist Learning." *Science and Children,* May, 24–27, 53.

Mayer, M. M. 2007. "Scintillating Conversations in Art Museums." In *From Periphery to Center: Art Museum Education in the 21st Century*, edited by P. Villeneuve, pp.188–193. Reston, VA: National Art Education Association.

McCarrick, K. and L. Xiaoming. 2007. "Buried Treasure: The Impact of Computer Use on Young Children's Social Cognitive, Language Development, and Motivation." *AACE Journal,* 15(1): 73–95.

Miami Children's Museum. 2017. "Exhibits: Cruise Ship." Retrieved from www.miamichildrensmuseum.org/ exhibits/cruise-ship/ (accessed July 11, 2017).

Miller, A.A. 2003. *Treasures of the Heart*. Chelsea, MI: Sleeping Bear Press.

Monticello. 2016. "Crossroads Exhibition." Retrieved from www.monticello.org/site/visit/crossroads (accessed

June 28, 2016).

Montpelier. 2017. "James Madison's Montpelier." Retrieved from www.montpelier.org/ (accessed June 25, 2016).

NAEYC (National Association for the Education of Young Children). 2011. "All Criteria Document." Retrieved from www.naeyc.org/files/academy/file/AllCriteriaDocument. pdf (accessed September 17, 2015).

National Education Association. 2015. "Facts About Children's Literacy." Retrieved from www.nea.org/grants/facts-about-childrens-literacy.html (accessed August 23, 2015).

National Endowment for the Arts. 2013. "How a Nation Engages with Art: Highlights from the 2012 Survey of Public Participation in the Arts." Retrieved from http://arts.gov/sites/default/files/highlights-from-2012-sppa-revised-jan2015.pdf (accessed May 28, 2015).

National Gallery of Art. 2016. "Sculpture Garden: George Rickey." Retrieved from www.nga.gov/feature/sculpturegarden/sculpture/sculpture16.shtm (accessed October 3, 2016).

National Gallery of Art. 2017. "Sketching in the Museum." Retrieved from www.nga.gov/content/ngaweb/education/sketching-in-the-museum.html (accessed August 22, 2017).

National Research Council. 2000. *How People Learn: Brain, Mind, Experience, and School*. Washington, DC: National Academy Press.

NeCastro, L. 1988. "Grace Lincoln Temple and the Smithsonian's Children's Room of 1901." Retrieved from www.si.edu/ahhp/decorativedesignofthechildrensroom.

Old Sturbridge Village. 2016. "Old Sturbridge Village Profile." Retrieved from http://osv.org/sites/default/files/1346-HeartoftheCommonwealthbook12112-OldSturbridgeVilla geprofile.pdf (accessed July 6, 2016).

Oppenheimer, F. 1968. "Rationale for a Science Museum." *Curator: The Museum Journal,* 1(3): 206–209.

Palfrey, J. and U. Gasser. 2008. *Born Digital: Understanding First Generation of Digital Natives*. New York: Basic Books.

Paris, S.G. 2002. *Perspectives on Object-Centered Learning in Museums*. Mahwah, NJ: Lawrence Erlbaum Associates.

Peniston, W.A., ed. 1999. *The New Museum: Selected Writings of John Cotton Dana*. Washington, DC: American Association of Museums.

Perry, B.D., L. Hogan, and S.J. Marlin. 2000. "Curiosity, Pleasure, and Play: A Neurode-velopmental Perspective." Retrieved from https://childtrauma.org/wp-content/uploads/2014/12/CuriosityPleasurePlay_Perry.pdf (accessed May 24, 2016).

Pew Research Center. 2017a. "Internet, Science & Tech. Mobile Fact Sheet." Retrieved from www.pewinternet.org/fact-sheet/mobile/ (accessed April 28, 2017).

Pew Research Center. 2017b. "Internet, Science & Tech. Social Media Fact Sheet." Retrieved from www.pewinternet.org/fact-sheet/social-media/ (accessed April 28, 2017).

Piaget, J. [1951] 1962. *Play, Dreams, and Imitation in Childhood*. Trans. C. Gattegno and F.M. Hodgson. New York: W.W. Norton & Company.

Piaget, J. [1967] 1993. "John Amos Comenius." *Prospects* (UNESCO, International Bureau of Education), XXIII(1/2).

Piaget, J. 1970. "Piaget's Theory." In *Carmichael's Manual of Child Psychology*, edited by P. Mussen, Vol.1, New York: John Wiley & Sons. pp.703–772.

Piaget, J. 1973. *The Language and Thought of the Child*. London: Routledge & Kegan Paul.

Plowman, L. and J. McPake. 2012. "Seven Myths About Young Children and Technology." *Childhood Education*, Vol. 89.

Portland Children's Museum. 2015. "Opal School: Our Philosophy." Retrieved from www.portlandcm.org/more/about-us/our-philosophy (accessed August 18, 2015).

Rathmann, P. 2000. *Good Night, Gorilla*. New York: Penguin Group.

Reid, M.S. 1990. *The Button Box*. New York: Dutton Children's Books.

Rey, H.A. 1952. *Curious George Rides a Bike*. New York: Houghton Mifflin Company.

Ruzzier, S. 2006. *The Room of Wonders*. New York: Francis Foster Books.

Schwarzer, M. 2006. *Riches, Rivals, and Radicals: 100 Years of Museums in America*. Washington, DC: American Association of Museums.

Shaffer, S.E. 2015. *Engaging Young Children in Museums*. Walnut Creek, CA: Left Coast Press.

Shore, R. 1997. *Rethinking the Brain: New Insights into Early Development*. New York: Families and Work Institute.

Shuler, S. 2009. *Pockets of Potential: Using Mobile Technologies to Promote Children's Learning*. New York: The Joan Ganz Center at Sesame Workshop.

Simon, N. 2010. *The Participatory Museum*. Santa Cruz, CA: Museum 2.0.

Singer, D. G. and T. A. Revenson. 1978. *A Piaget Primer: How a Child Thinks*. New York: Penguin Books.

Smithsonian Institution. 1902. *Annual Report of the Board of Regents of the Smithsonian Institution for the Year Ending June 30, 1901: Appendix to the Secretary's Report*. Washington, DC: Smithsonian Institution.

Smithsonian Institution, National Museum of American History. 2016. "Food: Transforming the American Table 1950–2000: Julia Child's Kitchen." Retrieved from http://americanhistory.si.edu/food/julia-childs-kitchen (accessed June 29, 2016).

Smithsonian Institution, National Museum of American History. 2017. "Exhibitions: Wegman's Wonderplace." Retrieved from http://americanhistory.si.edu/exhibitions/wonderplace (accessed July 21, 2017).

Smithsonian Institution, National Museum of Natural History. 2015. "Our Mission." Retrieved from http://naturalhistory.si.edu/about/mission.htm (accessed August 3, 2015).

Smithsonian Institution, National Museum of Natural History. 2016. "What Does It Mean To Be Human? Early Stone Age Tools." Retrieved from http://humanorigins.si.edu/evidence/behavior/stone-tools/early-stone-age-tools (accessed March 15, 2016).

Smithsonian Magazine. 2017. "A Historic Kitchen Utensil Captures What It Takes To Make Hot Chocolate from Scratch." Retrieved from www.smithsonianmag.com/arts-culture/kitchen-utensil-chocolate-stirring-from-scratch-cacao-161383020/ (accessed March 15, 2017).

Sommer, E. 2011. "Protecting the Objects and Serving the Public, an Ongoing Dialogue." *The Journal of Museum Education,* 36(2): 129–135.

Spock, M. 2013. *Boston Stories*. Boston, MA: Boston Children's Museum.

Springman, I.C. 2012. *More*. New York: Houghton Mifflin Harcourt Publishing Company.

Tate. n.d. "History of the Wunderkammern (Cabinet of Curiosities)." Retrieved from www.tate.org.uk/learn/online-resources/mark-dion-tate-thames-dig/wunderkammen (accessed June 17, 2015).

The Magic House. 2017. www.magichouse.org/exhibits/.

Tovey, H. 2013. *Bringing the Froebel Approach to Your Early Years Practice*. New York: Routledge.

Tyack, D. and L. Cuban. 1995. *Tinkering toward Utopia: A Century of Public School Reform*. Cambridge, MA: Harvard University Press.

University of Cambridge. November 26,2013. "Research: Why Do We Put Things into Museums?" Retrieved from www.cam.ac.uk/research/discussion/we-ask-the-experts-why-do-we-put-things-into-museums (accessed June 3, 2017).

U.S. Department of Commerce, U.S. Census Bureau. 2017. Retrieved from www.census.gov/content/dam/Census/library/publications/2013/demo/p20-569.pdf (accessed April 26, 2017).

UVA Magazine. 2014. "Object Lesson." Summer. Retrieved from http://uvamagazine.org/articles/object_lesson (accessed July 17, 2017).

Villeneuve, P., ed. 2007. *From Periphery to Center: Art Museum Education in the 21st Century*. Reston, VA: National Art Education Association.

Vygotsky, L. [1962] 1986. *Thought and Language*. Boston: Massachusetts Institute of Technology.

Vygotsky, L. 1966. "Play and Its Role in the Mental Development of a Child." *Soviet Psychology,* 12, 6–18.

Vygotsky, L. 1978. *Mind in Society*. Cambridge, MA: Harvard University Press.

Walker, D. 1982. *Animated Architecture*. New York:Architectural Design Profile.

Walton, M. 2006. "IBM PC Turns 25." Retrieved from www.cnn.com/2006/TECH/biz tech/08/11/ibmpcanniversary/ (accessed April 20, 2017).

Warde, W.F. 1960. "John Dewey's Theories of Education." *International Socialist Review*, 21 (1). Retrieved from: www.marxists.org/archive/novack/works/1960/x03.htm (accessed April 5, 2016).

Weston, P. 2000. *Friedrich Froebel: His Life, Times, and Significance* (2). London: Roehampton Institute.

White, R.E. 2012. *The Power of Play: A Research Summary on Play and Learning*. Retrieved from: www.mcm.org/museum-professionals/explore-our-research/ (accessed January 13, 2017).

Williams, K.L. 1990. *Galimoto*. New York: Mulberry Books.

Wilson, R. 2002. "Promoting the Development of Scientific Thinking." *Early Childhood News*. Retrieved from http://predskolci.rs/HTML/Literatura/Promoting%20the%20Development%20of%20Scientific%20Thinking.pdf (accessed August 3, 2017).

Winter, J. 2014. *Mr. Cornell's Dream Boxes*. New York: Beach Lane Books.

Wood, E. and K.F. Latham. 2014. *The Objects of Experience: Transforming Visitor-Object Encounters in Museums*. Walnut Creek, CA: Left Coast Press, Inc.

Zaluski, W. 2017. "The Getty Iris. Five Tips for Sketching at the Museum." Retrieved from http://blogs.getty.edu/iris/five-tips-for-sketching-at-the-museum/ (accessed August 23, 2017).

Zero to Three. "Our History." Retrieved from www.zerotothree.org/about/our-history (accessed August 9, 2017).

译者后记

经过近两年的翻译、校对、编辑和排版工作，这本书终于面世了。

这是于雯、刘鑫两位译者继《让孩子爱上博物馆》（译林出版社，2018年）、《儿童博物馆建设运营之道》（科学出版社，2019年）之后，第三次联合译书。同时，这也是本书作者莎伦·E.谢弗博士的首部专著《让孩子爱上博物馆》在国内几近脱销后，第二本与中国读者见面的书籍。在这本书的翻译过程中，刘鑫负责第七、第八、第九章的翻译工作，于雯负责其余部分。为了尽量减少由文风差异引起的阅读不适，两位译者在分头完成各自的章节后，交换审校对方的译稿，经过两轮全书修改和统稿后，再交由出版社进行"三审三校"。由于译者水平有限、学养不深，难免还会出现不少纰漏，恳请各位方家识者批评指正。

相较于作者苦心孤诣地写就、读者挑灯熬油地钻研，译者的搬运加工往往显得微不足道，甚至可以忽略不计。想必愿意翻阅这本学术书籍的人都是拥有一定功底或心得的业内人士，直接阅读原书也不会存在障碍。那为什么还要花费精力去翻译这本书呢？

一方面是因为国内博物馆界已经开始关注0-8岁儿童这一细分观众群体，但苦于没有形成适切的理论指导和实践经验，而这本书恰好可以解决大家的一部分问题，或至少为问题的解决提供思考框架；另一方面，由于和作者多年合作结下的友谊，我们深知她的教育思想，也常常感动于她对儿童博物馆教育的热情和执着，愿意让更多教育工作者受益于这套有效的方法。

莎伦·E.谢弗博士在全球范围内都是一位少有的专注于这一年龄段儿童学习需求的博物馆教育工作者，她开创性地创建了史密森早教中心（Smithsonian Early Enrichment Center），证明博物馆也可以成为低龄儿童学习的空间。在离开史密森学会后，她又在弗吉尼亚大学担任教职，著书立说，积极传播儿童博物馆教育的理念。可能是常年和幼儿打交道形成的表达习惯，使作者喜欢把知识信息掰开揉碎后讲给读者听，这也造成行文前后许多观点的反复出现，这一点读者们一定深有体会。此外，书稿中经常出现一些近似表达，对其的灵活处理在此一并作出说明。

第一，莎伦·E.谢弗博士在《让孩子爱上博物馆》（p.5）一书中曾明确界定，"本书所阐释的理论与实践主要针对3～6岁的儿童（幼儿园和学前班儿童），但这些理念和相关的实践案例同样也适用于更广泛年龄段的孩子"。同时，她虽然在本书中没有明确指出适用的年龄范围，但在前言中提到，"这本书是在《让孩子爱上博物馆》基础上发展出来的，只是专注于'通过实物来学习'的概念"。因此，我们延续了翻译第一本书时的做法，将原文中的children、young children等表达统一处理为"儿童"或"孩子"。

第二，在阐述理论时，本书普遍采用了"儿童"和"教师"的书面表达；而在提到某个具体案例时，则根据具体语境酌情处理为"孩子"和"老师"，尽量符合人们日常的阅读习惯。

第三，关于"object"一词的翻译，在与虚拟体验或抽象概念作对比时，本书采用了"实物"的表达；而在提到利用博物馆或日常生活中的某件物品来帮助儿童学习时，则统一采用了"物件"这一表达。

第四，关于"object lesson"一词的翻译，作者在第三章开篇引用莫里斯·沃尔特·基廷格在1896年的译著《大教学论》（The Great Didactic of Comenius）时提到，"实物教学法是唯一一种能在他们（儿童）头脑中留下深刻印象的方法（the object lesson was the only way in which any impression could be made on … the child）"，也就是说作者强调"object lesson"是一种方法。因此，我们在本书中统一将这种方法译为"实物教学法"。

第五，国内的读者可能对"早期学习"一词不太熟悉，作者在《让孩子爱上博物馆》的前言中曾提到，"我的工作经历主要在正式学习领域，专注于儿童早期教育（early childhood education），换成现在的术语，就是'早期学习'（early learning）"，也就是说现在所采用的术语"早期学习"就是我们常说的"儿童早期教育"。为了便于读者理解，特此澄清。

君子生非异也，善假于物也。期待这本译著能唤起更多国内同人关注低龄儿童在博物馆中的学习。同时，作为译者，我们也衷心希望自己的工作能为读者拥彗清道，给您的学习之旅带来良好的阅读体验。

译者
2023年2月